MARIO KOTASKA

MARIO KOTASKA
STREET FOOD

Fotografiert von Oliver Brachat
Mit Texten von Manuela Rüther

AT Verlag

Für den kleinen Löwen
und die kleinen Tiger

Inhalt

6 Vorwort

9 Wie alles begann

10 Von Omas Herd in die Sterneküche

13 Suppen und Salate zum Mitnehmen

33 Herzhaftes für unterwegs

65 »bratwerk« – mein Traum

115 Schalke und andere Leidenschaften

150 Aus der Sterneküche ins Fernsehen

155 Süßes und Drinks

189 Ran an den Herd: Meine Küchentipps

195 Zum Mitnehmen, bitte! Meine Verpackungsideen

197 Dank

199 Rezeptverzeichnis

Sämtliche Rezepte sind, sofern nicht anders vermerkt, für 4 Personen berechnet.

Vorwort

Wahrscheinlich fragt ihr euch, liebe Leserinnen und Leser, was euch in diesem Buch überhaupt erwartet. »Streetfood«? Was soll das heißen? – Vielleicht seid ihr gedanklich längst in den Garküchen Asiens unterwegs oder denkt an amerikanisches Fastfood ...

Doch warum so weit abschweifen? »Streetfood« geht auch hierzulande. Schließlich meint das Wort nichts anderes als Essen zum Mitnehmen. Leckereien, die man genießen kann, wo immer man gerade ist. Und die man einfach selbst zubereiten kann. Was ihr für unterwegs kochen könnt und wie? – Dazu will ich euch in diesem Buch möglichst viele Anregungen geben. Lasst euch inspirieren! Geht auf den Markt, kauft ein paar tolle Zutaten und kocht! Ob Burger oder asiatisch angehauchte Leckereien, ob Varianten des normalen Butterbrotes, »Fish 'n' Chips« oder meine »Nordhessischen Speckzungen«. Ab sofort genießt ihr eure Küchenschätze überall.

Zugegeben, als junger Koch dachte ich lange, das beste Essen bekäme man ausschließlich in Sterne-Restaurants, keinesfalls auf der Straße. Deshalb habe ich mich erst einmal durch einige Gourmet-Küchen gekocht. Sieben Jahre war ich Küchenchef im Kölner »La Société«. Natürlich kann man in solchen Restaurants hervorragend essen. Aber eben nicht nur dort! Zu Hause kann es mindestens genauso gut schmecken. Und unterwegs schmeckt das Essen sowieso am allerbesten. Die Hauptsache ist, dass ihr mit Liebe kocht.

Traut euch einfach! Ideen, wie ihr eure Snacks straßentauglich zubereitet und einpackt, findet ihr auf den folgenden Seiten. Mit meinen Küchen- und Einkaufstipps werdet ihr bald eure ganz eigene Straßenküche eröffnen. Die Rezepte sollen vor allem inspirieren. Sie sind Denkanstöße zum Experimentieren und nicht streng zu befolgende Anleitungen. Denn: Kochen ist ein kreativer Prozess.

Und jetzt ran an den Herd! Ich wünsche euch viel Spaß und jede Menge Freude beim Einkaufen, Kochen und Essen.

Euer Mario

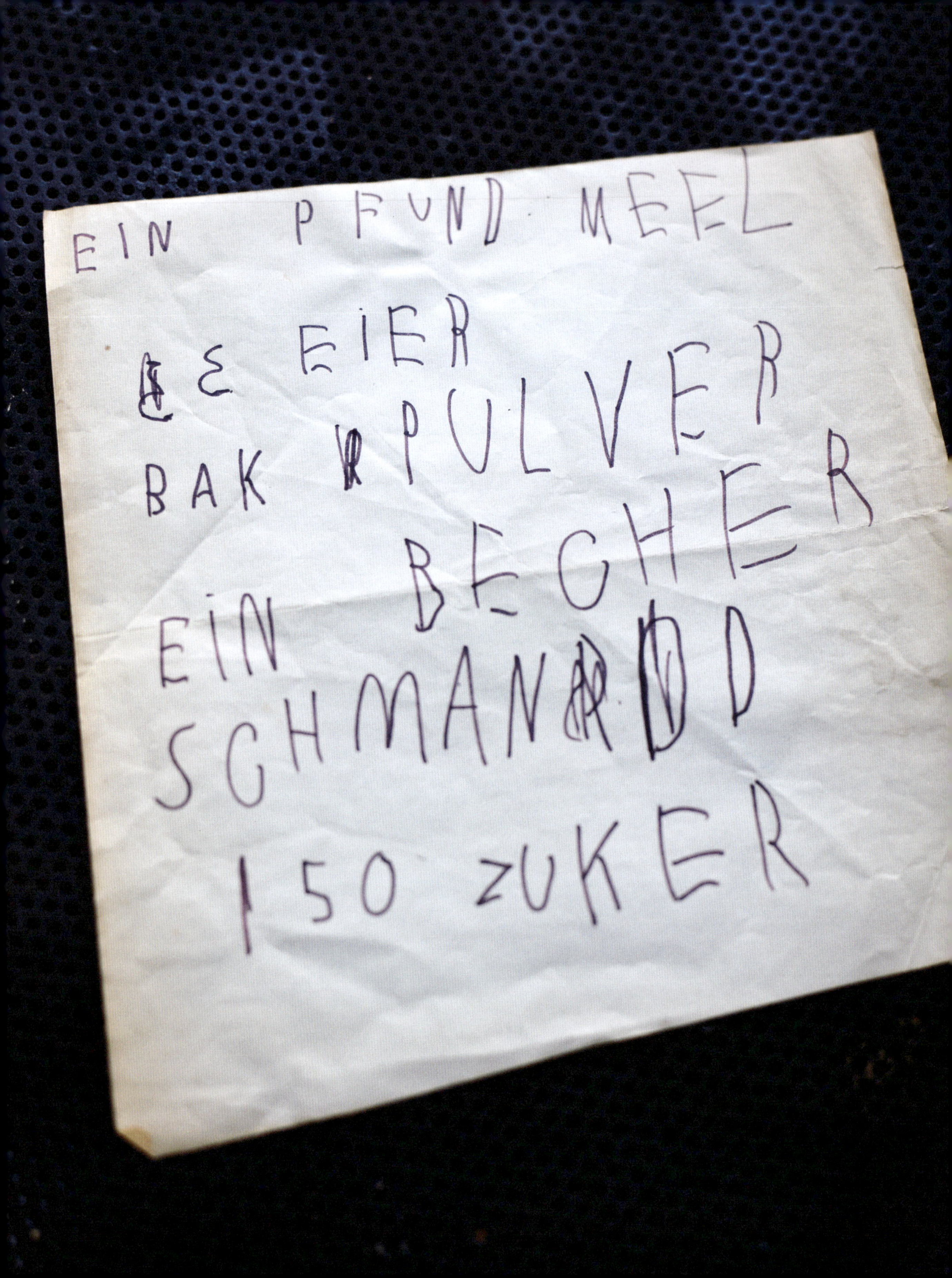

EIN PFUND MEEL

3 EIER

BAK PULVER

EIN BECHER

SCHMAND

150 ZUKER

Wie alles begann ...

Meine Kindheit im nordhessischen Elgershausen, einem Dorf in der Nähe von Kassel, war kulinarisch gesehen ein Traum und bildet das Fundament meiner Kochkarriere. Meine Oma Anni war eine großartige Köchin. In ihrer urigen Küche hat sie für die ganze Familie gekocht. Ich stand als kleiner Junge natürlich immer daneben ... für den Fall, dass etwas Leckeres probiert werden musste! Nur einen Gang zu kochen, war Oma Anni oft zu wenig, und so kochte sie gleich ganze Menüs. Kaum hatte man aufgegessen, kam auch schon einer ihrer selbstgebackenen Kuchen auf den Tisch. Oma Annis Küche war genial! Ihre Kochkünste sind der Grund dafür, dass ich nach dem Abitur in der Küche gelandet bin. Und aus ihrem Rezeptfundus bediene ich mich bis heute (ein Beispiel ist das Radieschenbrot auf Seite 146). Natürlich hat auch meine Mama ganz famos gekocht und gebacken – ihren nordhessischen Schmandkuchen zum Beispiel oder ihre Topfennockerl (siehe Seite 156 und 178).

Noch heute läuft mir das Wasser im Mund zusammen, wenn ich an die selbstgemachten Würste von Onkel Hans denke. Sein Hof war nicht weit von unserem Haus entfernt. Während es bei Oma und Opa »nur« ein paar Hühner, Enten, Gänse, Kaninchen und ein Schwein gab, betrieb er noch eine richtige Landwirtschaft – mit allem, was dazugehört. Als Kind war ich ständig auf seinem Hof – ich durfte sogar Bulldog fahren. Und das Beste: Ich durfte bei den Hausschlachtungen mithelfen und bei der Herstellung der nordhessischen »Ahlen Worscht«.

Bei Onkel Hans wurde im Winter alle paar Wochen geschlachtet. Und natürlich gab es für mich als kochbegeisterten Dreikäsehoch kaum etwas Eindrucksvolleres. Bis heute habe ich den frischen Schlachtgeruch in der Nase, wenn ich daran denke ... Los ging es morgens gegen fünf Uhr. Meist rannte ich etwas zu spät durch das Hoftor, und das Schwein hing schon dampfend am Haken. Die Atmosphäre hatte etwas Unwirkliches, es roch eigentümlich süßlich, und nur ein einziger Scheinwerfer erhellte den Hof. Mein Onkel und seine Helfer wuselten schon fleißig umher. Jeder wusste, was er zu tun hatte, und während es langsam dämmerte, wurde das Schwein ausgenommen, zerlegt und verwurstet.

Es entstanden die unterschiedlichsten Würste, aber die »Ahle Worscht« war immer etwas ganz Besonderes. Ihre Herstellung ist einfach, erfordert aber gerade deshalb sehr viel Erfahrung. Als Grundzutaten kommen nur Fleisch, Pökelsalz und Pfeffer in die Wurstmasse, die dann in Naturdärme gefüllt und zum Reifen aufgehängt wird. Klar, dass ich es als Kind kaum erwarten konnte, bis Hans mal wieder eine »Ahle Worscht« anschnitt. Dann gab es eine dicke Stulle mit Butter und Wurst auf die Hand – hessisches »Streetfood«. Die Stulle esse ich heute noch, wenn ich meine Eltern besuche. Denn die »Ahle Worscht« schmeckt nirgendwo so gut wie zu Hause. Das Rezept dafür findet ihr übrigens auf Seite 96.

Von Omas Herd in die Sterneküche

Gastro? Du willst in der Gastronomie arbeiten? Warum? Du hast doch Abitur. Studier doch lieber! Solche Kommentare hörte ich oft, als ich mich dafür entschied, meine Ausbildung zum Hotelfachmann im Schlosshotel Bühlerhöhe im nördlichen Schwarzwald zu beginnen. Aber die Gastronomie faszinierte mich. Mit welchem Enthusiasmus und mit welcher Energie die Leute dort arbeiten – unglaublich! Sie machen einen perfekten Job und sind auch nach Feierabend noch ein Team.

So richtig gepackt hat mich dann schließlich die Küche. Als ich einen Ferienjob im »Imperial«, dem Gourmetrestaurant des Hotels, übernahm, wusste ich: Kochen – das war es, was ich wollte! Den stressigen Service durchhalten, Pfannen schwenken und mir supergeile Gerichte ausdenken, und dann natürlich auch durch die Welt ziehen – was für ein Job! Selbstverständlich willigte ich glücklich ein, als mir Küchenchef Wolfgang Müller tatsächlich anbot, meine Ausbildung im »Imperial« fortzusetzen. Das war etwas Besonderes, denn normalerweise wurden im Sternerestaurant des Hotels Bühlerhöhe keine Azubis ausgebildet. Ich war der Einzige. »Dass das klar ist«, hielt Wolfgang Müller gleich zu Anfang fest, »du fängst hier noch einmal ganz von vorne an!« – Klar!

Wolfgang Müller ist nach Oma Anni mein zweiter großer Lehrmeister. Wir sind bis heute eng befreundet. Er hat mir gezeigt, was Kochen für Gäste bedeutet und worum es in der Küche wirklich geht: Nämlich jeden Tag Vollgas zu geben und jeden Tag besser zu werden. Man muss an seine Grenzen gehen und jeden Tag immer wieder neugierig sein, sonst wird man kein guter Koch. Wenn man dazu bereit ist und wenn man mit relativ wenig Schlaf auskommt, ist der Kochberuf der schönste und interessanteste Beruf, den es gibt.

Klar, dass ich diese Lektion erst einmal lernen musste, denn anfangs denkt man ja, man könne schon alles. Während der Ausbildung – gerade im ersten Lehrjahr – gibt es Momente, in denen man sich fragt, auf was man sich da eigentlich eingelassen hat … Kühlhaus putzen, Inventur machen … Da ich der einzige Auszubildende war, musste ich all diese niederen Arbeiten erledigen. Dabei wollte ich doch kochen.

Zum Glück überwogen aber die guten Momente. Zum Beispiel die Sonntage im Sommer. Da nahmen mich meine Kollegen in der Teildienstpause mit zu Ulli Krauses Gaststätte Waldesruh. Nach dem anstrengenden Mittagsservice saßen wir dort gemütlich in der Sonne, tranken ein »Weizen«, und ich putzte noch schnell die restlichen Pfifferlinge für den Abendservice. Als Belohnung wurden wir von Ulli Krause ordentlich bekocht: Bratkartoffeln mit Blutwurst und Spiegelei – das Beste, was man in so einer Pause essen kann. Das Rezept dazu findet ihr auf Seite 106.

Nach der Ausbildung dachte ich: Jetzt kann's losgehen! Kochen kann ich ja ... Falsch gedacht! Denn nach der Ausbildung merkte ich erst, wie viel ich noch lernen musste. Wolfgang Müller hatte mich netterweise an den mit ihm befreundeten Küchenchef Stefan Marquard vermittelt, der im Sternerestaurant Drei Stuben in Meersburg kochte. Kaum dort angefangen, meinte Stefan zu mir: »Mach mal 'ne Blumenkohl-Pannacotta!« Ich war ratlos, denn ein Rezept gab es nicht. Stefan meinte nur, dass müsse man ja wohl auch so können. Was blieb mir übrig? Ich machte einfach und war erstaunt über das Ergebnis.

In den folgenden Monaten kam ich aus dem Staunen nicht mehr heraus, wie viele Gerichte ich ganz einfach aus meinem Fundus an Grundrezepten ableiten konnte. Ich wurde jeden Tag sicherer und experimentierte immer öfter. Bisher hatte ich gedacht, es gäbe für jedes Gericht das eine optimale Rezept. Langsam wurde mir klar, dass viele Wege zu leckeren Ergebnissen führen. Ich begriff, dass es oft gar kein »richtig« oder »falsch« gab. Heute weiß ich, dass es Grundregeln gibt, die man beherrschen sollte. Denn sie erlauben einem, jeden Tag neue Gerichte zu kreieren. So bleibt das Kochen spannend wie am ersten Tag. Es wird sogar immer spannender. Denn, umso mehr man durch die Welt reist, hier und da in die Kochtöpfe schaut, umso mehr kulinarische Ideen kommen einem.

Probiert es einfach aus und freut euch auf spannende Aha-Erlebnisse! Falls mal etwas nicht so wird, wie ihr es euch vorgestellt habt, kein Problem, vielleicht wird es auf andere Art gut. Denkt immer daran, dass viele Grundnahrungsmittel wie Sauerteig oder Käse gar nicht erfunden worden wären, wenn nicht irgendjemand irgendwann mal einen Fehler gemacht hätte. Wichtig ist nur, dass ihr jedem Produkt mit Respekt und Ehrfurcht begegnet: Ob es nun ein bretonischer Hummer ist oder die heimische Kartoffel.

Suppen und Salate zum Mitnehmen

Scharfe Entensuppe

Zunächst die Ente zerteilen: Flügel, Brüste und Keulen auslösen. In einem großen Topf das Fett aus dem Inneren der Ente zusammen mit den Flügeln in etwas Sesamöl anbraten. Die Entenkarkasse und die Ententeile dazugeben und mit gut 2 Liter Wasser auffüllen.

Die Hälfte der Shimeji-Pilze (150 g), die Shiitake-Pilze, 1½ Karotten, 1 Frühlingszwiebel, 1 rote Zwiebel, 2 Knoblauchzehen, 2 Chili, die Hälfte des Korianders und die Hälfte des Ingwers grob schneiden und alles zu den Ententeilen in den Topf geben. Fischsauce und Sojasauce beifügen. Alles etwa 2 Stunden sanft köcheln lassen. Sobald das Entenfleisch gar ist, die Ententeile herausnehmen, das Fleisch ablösen und mit den Fingern zerzupfen; Haut und Knochen wieder in die Brühe geben und nochmals 45 Minuten weiter kochen lassen.

Die restlichen Zutaten (Pilze, Gemüse, Knoblauchzehen, Ingwer und Chili) als Einlage in schöne Form schneiden.

Die Brühe durch ein feines Tuch in einen Topf gießen, die Suppeneinlage dazugeben und kurz garen. Zuletzt das Entenfleisch und den restlichen fein geschnittenen Koriander beigeben. Eventuell mit etwas Salz nachwürzen und sofort servieren.

1 große Ente, am besten Freiland
etwas Sesamöl
300 g Shimeji-Pilze (Buchenpilze; Asialaden oder gut sortierter Gemüsehandel)
5 Shiitake-Pilze
3 Karotten
2 Frühlingszwiebeln
2 rote Zwiebeln, geschält
5 Knoblauchzehen, geschält
3–7 frische rote Chili, je nach gewünschter Schärfe
1 Bund Koriander
1 daumengroßes Stück Ingwer, geschält
100 ml Thai-Fischsauce
50 ml Sojasauce
1–2 Limetten, abgeriebene Schale und Saft

Diese Suppe hat mein Freund und langjähriger Sous-Chef Dominic einst für seinen Mitbewohner erfunden. Der wollte eines Tages »einfach eine scharfe Suppe«.

Kölsche Erbsensuppe

Die Zwiebel zusammen mit dem Bauchspeck in etwas Butter anbraten, die erste Portion Erbsen (500 g) dazugeben und mit Salz, Pfeffer, Zucker und Muskatnuss würzen. Die Kartoffel beifügen, mit Geflügelfond auffüllen und weich kochen. Das geht schnell und vitaminbewusst am besten im Schnellkochtopf.

Anschließend die Suppe fein pürieren, durch ein Sieb streichen, zurück in den Topf geben und nochmals abschmecken.

Die zweite Portion Erbsen (150 g) als Einlage dazugeben und noch einmal aufkochen. Den Speck für die Garnitur in ganz wenig Sonnenblumenöl knusprig braten.

1 Zwiebel, fein gewürfelt
50 g geräucherter Bauchspeck, gewürfelt
Butter zum Andünsten
500 g Erbsen (tiefgekühlt) für die Suppe
Salz, Pfeffer aus der Mühle, Zucker, Muskatnuss
1 mehlige Kartoffel, geschält, gewürfelt
500 ml Geflügelfond
150 g Erbsen (tiefgekühlt) für die Einlage
50 g Speck, in Streifen geschnitten, als Garnitur
Sonnenblumenöl

Gerade erst in Köln gelandet, fand ich mich eines Tages in einem Kölner Brauhaus wieder und bestellte einen »Halven Hahn«. Statt eines leckeren Brathähnchens bekam ich ein Butterbrot mit Käse und Senf. Zum Gedenken daran und als Lektion für alle Nicht-Kölner habe ich im »La Société« dann die Kölschen Tapas als Amuse-Bouche eingeführt. Seitdem serviere ich dort eine kleine Portion »Himmel un Äd« (Blutwurst mit Kartoffelpüree), einen »Halven Hahn« und sahnige »Ähzezupp« mit Würstchen. Dazu gibt es ein leckeres Mini-Kölsch.

Suppen und Salate zum Mitnehmen

Die Kölner Erbsensuppe heißt auf Kölsch »Ähzezupp« und ist fester Bestandteil der »Kölschen Tapas« (siehe Seite 17).

Gulaschsuppe

Das Fleisch in kleine Würfel schneiden. Die Zwiebel fein würfeln, Karotte und Kartoffel schälen, die Karotte in Scheiben und die Kartoffel in schöne Würfel schneiden.

500 g magerer Schweinenacken
1 große Gemüsezwiebel
1 Karotte
1 große Kartoffel
Pflanzenöl
Salz, Pfeffer aus der Mühle
1 TL Tomatenmark
1 TL Kümmelsamen
1 TL Paprikapulver, scharf oder edelsüß nach Geschmack
2 Knoblauchzehen
1 Flasche trockener Rotwein
1 EL abgeriebene Zitronenschale
1 EL fein geschnittene frische Majoranblättchen

Das Fleisch in einem großen Topf in Pflanzenöl rundherum schön braun anbraten. Die Zwiebel dazugeben, mit Salz und Pfeffer würzen (durch die Flüssigkeit der Zwiebel löst sich jetzt der Bratensatz im Topf). Karotte und Kartoffel beifügen und mit andünsten. Tomatenmark und Kümmel dazugeben und mit dem Paprikapulver bestäuben. Den Knoblauch dazureiben und mit dem Rotwein ablöschen. Mit Wasser auffüllen, bis die Zutaten gut bedeckt sind. Etwa 1 Stunde köcheln lassen, bis das Fleisch weich gegart ist.

5 Minuten vor Ende der Garzeit die Zitronenschale und den fein geschnittenen Majoran zugeben und nochmals mit Salz und Pfeffer abschmecken.

Tipp: Am besten schmeckt die Suppe wieder aufgewärmt am nächsten Tag.

Gulaschsuppe muss man einfach kochen können. Schon in meiner Gesellenprüfung wurde ich nach den sieben Gulaschgewürzen gefragt, die ich seitdem nicht mehr vergesse: Salz, Pfeffer, Paprika, Majoran, Knoblauch, Kümmel und Zitrone. Ich serviere die Suppe gerne einfach direkt in einem ausgehöhlten Brot – das spart den lästigen Abwasch.

Knollensuppe

4 kleine Knollen Sellerie
4 weiße Champignons
4 Stangen Staudensellerie, Blätter zur Dekoration beiseitelegen
4 Schalotten
2 Knoblauchzehen
50 g Butter
Salz, Pfeffer aus der Mühle, Zucker, Muskatnuss
1 Schuß trockener Weißwein
800 ml Geflügelfond
250 ml Sahne
1 Msp. Quatre-épices (siehe Tipp)

Die Sellerieknollen gründlich unter kaltem Wasser abbürsten und von jeglicher Erde befreien. Oben jeweils einen Deckel abschneiden, diesen schälen und klein schneiden. Mit einem Pariserlöffel die Knollen vorsichtig aushöhlen. Das ausgelöste Fruchtfleisch zusammen mit Champignons, Stangensellerie, Schalotten und Knoblauch fein würfeln. Alles in Butter andünsten, ohne Farbe annehmen zu lassen. Mit Salz, Pfeffer, Zucker und Muskatnuss würzen. Mit Weißwein ablöschen und, sobald dieser vollständig eingekocht ist, mit Geflügelfond auffüllen. Die Suppe etwa 25 Minuten köcheln lassen. Zum Schluß die flüssige Sahne hinzugeben und kurz mitköcheln.

Alles im Mixer pürieren und anschließend durch ein Sieb streichen. Mit Quatre-épices abschmecken.

Die ausgehöhlten Sellerieknollen falls nötig unten geradeschneiden, sodass sie gut stehen. Die Suppe darin anrichten und mit den beiseitegelegten Staudenselleriblättern garnieren.

Tipp: Quatre-épices ist eine intensiv pfeffrig und leicht süßlich schmeckende Gewürzmischung der traditionellen französischen Küche, bestehend aus Pfeffer, Ingwer oder Zimt, Muskat und Gewürznelken; heute wird sie oft ergänzt oder variiert durch weitere Gewürze wie Sternanis, Koriander und Piment. Zu empfehlen ist das Quatre-épices von Ingo Holland (Altes Gewürzamt). Notfalls ersetzen durch Piment.

Eine Suppe, die ihren Teller gleich mitbringt. Das Gewürz »Quatre-épices« verleiht dem Gemüse ein ganz besonderes Aroma.

Herzhafter Ayran

Die Gurke gründlich waschen, der Länge nach vierteln und klein schneiden. Mit Salz, Pfeffer, Zucker, Senf, Limettenschale und -saft sowie Knoblauch mischen und etwa 30 Minuten ziehen lassen.

Die Gurkenmischung mit dem Joghurt im Mixer fein mixen. Erst zum Schluss die Kräuter daruntermixen; die Suppe bleibt so länger schön grün. Das Raz el-Hanout darüberstäuben und eiskalt mit Limettenscheiben servieren.

1 Salatgurke
Salz, Pfeffer aus der Mühle, Zucker
1 EL Senf
1 unbehandelte Limette, abgeriebene Schale und Saft
2 Knoblauchzehen, fein gehackt
500 g griechischer oder Sahnejoghurt
1 Bund glatte Petersilie
1 Bund Dill
10 Blatt Minze
2 Msp. Raz el-Hanout
einige Limettenscheiben als Garnitur

Diese Mischung aus kräftigem Tzatziki und frischer Gurkensuppe habe ich den »Kölner Haien« nach dem Training serviert. Danach haben die Jungs sechs Spiele in Serie gewonnen und sich damit für die Play-offs qualifiziert!

Sprossensalat mit Limette und Chili im Reisblatt

Die rote Zwiebel und die Karotte schälen, den Pak Choy waschen (er wird samt knackigem Stiel verwendet), die Frühlingszwiebel vom dunklen Grün befreien, die Paprika entkernen und schälen. Alle Gemüse in feine Streifen schneiden. Die Chili in sehr feine Ringe schneiden, den Ingwer schälen und fein reiben. Sämtliches Gemüse kurz im heißen Sesamöl andünsten, die Sprossen dazugeben, mit Fischsauce und Limettensaft ablöschen, mischen und sofort aus der Pfanne nehmen. Mit braunem Zucker schön rund abschmecken.

Die Reisblätter kurz in kaltem Wasser einweichen und auf der Arbeitsfläche auslegen. Den Sprossensalat darauf verteilen und wie Frühlingsrollen eindrehen.

1 kleine rote Zwiebel
1 Karotte
1 Baby Pak Choy
1 Frühlingszwiebel
½ rote Paprika
1 kleine scharfe rote Chili
½ Knoblauchzehe
1 haselnussgroßes Stück Ingwer
2 TL geröstetes Sesamöl
100 g Sojasprossen
1 EL Thai-Fischsauce
1 Limette, Saft
etwas brauner Zucker

12–16 Reisblätter

Diesen Salat habe ich in Thailand auf der Straße gegessen. Die dortige Straßenküche ist irre: Snacks wie frittierte Hühnerfüße werden direkt vom Motorrad verkauft.

Salat von geschmortem Chicorée mit Orange, Zimt und Curry

2 weiße Chicorée
2 rote Chicorée (Cicorino rosso)
60 g Zuckerschoten
½ rote Paprika, entkernt, geschält
1 Knoblauchzehe
30 g Zucker
3 Zimtstangen
2 unbehandelte Orangen, abgeriebene Schale und Saft
50 ml Weißwein
2 EL weißer Balsamico
2–4 Msp. Anapurna-Currypulver (je nach gewünschter Schärfe)
Salz, Pfeffer aus der Mühle
½ Bund glatte Petersilie, fein geschnitten
50 ml Olivenöl

Die äußeren Chicoréeblätter zum späteren Füllen beiseitelegen. Das Innere in feine Streifen schneiden. Zuckerschoten und Paprika ebenfalls in feine Streifen schneiden. Den Knoblauch fein würfeln.

Den Zucker mit den Zimtstangen und der abgeriebenen Orangenschale karamellisieren lassen, dann mit Weißwein, Balsamico und Orangensaft ablöschen und leicht einkochen. Mit Curry zur gewünschten Schärfe abschmecken. Das fein geschnittene Gemüse und den Knoblauch hinzugeben, durchschwenken, mit Salz und wenig Pfeffer würzen und mit der Petersilie verfeinern. In einem Sieb abtropfen lassen und den Fond dabei auffangen. Das Gemüse in den Chicoréeschiffchen anrichten.

Den Fond nochmals einkochen, mit dem Olivenöl mischen und über die Chicoréeschiffchen träufeln.

Es war mal wieder nichts mehr im Haus, und die Familie hatte Hunger. Da habe ich aus den Resten im Kühlschrank diesen leckeren Salat zusammengestellt. — Eine winterliche Aromenbombe!

Salat im Glas

Alle Salatzutaten fein schneiden und in beliebiger Reihenfolge in ein Glas mit Bügel- oder Schraubverschluss schichten. Ich persönlich finde die vorgeschlagene Mischung ganz lecker, aber es ist natürlich erlaubt, was schmeckt oder was gerade Saison hat.

Für das Dressing den Schmand mit Zitronensaft, Senf, Salz, Pfeffer, Zucker und Schnittlauch mischen und nochmals abschmecken. Unmittelbar vor dem Servieren das Dressing noch einmal kräftig durchschütteln, über den Salat gießen und auch diesen durchschütteln.

Ein frischer, knackiger und vitaminreicher Snack fürs Büro oder unterwegs!

Für 1 grosses Glas für 2 Personen
½ Kopf Eisberg- oder Kopfsalat
10 Radieschen
1 Salatgurke
1 rote Paprika
1 gelbe Paprika
2 Frühlingszwiebeln
1 Bund Rucola
1 kleine rote Zwiebel
etwas Parmesan

Für das Dressing:
80 g Schmand, Sauerrahm, Crème fraîche oder Buttermilch
1 Zitrone, Saft
1 EL Senf
Salz, Pfeffer aus der Mühle, Zucker
1 Bund Schnittlauch, fein geschnitten

Der Salat zum Mitnehmen – fürs Büro, für die Uni oder die Schule. Alles was ihr braucht, sind zwei Schraubgläser. In das eine füllt ihr den gewaschenen Salat, in das andere das Dressing. Wenn ihr Hunger habt, wandert die Sauce zum Salat, wird kurz geschüttelt und knackfrisch genossen.

Herzhaftes für unterwegs

Zitronengrasspieße mit Garnelen

Das Zitronengras von den äußeren, harten Schichten befreien (diese beiseitelegen) und daraus 12 stabile Spieße herstellen.

Die Garnelen aus der Schale lösen, am Rücken leicht einschneiden und entdarmen.

Die Garnelenschalen im Sesamöl kurz anrösten. Die abgelösten Teile des Zitronengrases, die Chili, Salz, Koriander und Knoblauch beifügen und zu einer Marinade mischen. Erkalten lassen und die Garnelen darin etwa 3 Stunden einlegen.

Die Garnelen auf die Zitronengrasspieße stecken und in Olivenöl von beiden Seiten kurz braten.

12 Stängel Zitronengras
12 rohe Garnelen (»Seawater«), ungeschält
1 EL geröstetes Sesamöl
2 Chili, halbiert, entkernt
Salz, gemahlene geröstete Korianderkörner
2 Knoblauchzehen, in Scheiben geschnitten
Olivenöl zum Braten

Der Zitronengrasspieß macht aus den Garnelen praktisches Streetfood und gibt ihnen ein tolles Aroma.

Tipp: Kauft nur »Seawater-Garnelen«; sie werden im Gegensatz zu den »Freshwater-Garnelen« in der Tiefsee gezüchtet. Durch das kältere Meerwasser wachsen sie langsamer und sind dadurch knackiger im Biss. Und am besten entscheidet ihr euch für Bio-Qualität.

Garnelen-Wan-Tan

Garnelen, Ingwer und Knoblauch klein schneiden. Mit Salz, Pfeffer und reichlich gemahlenem Koriander abschmecken. Etwa 30 Minuten im Kühlschrank durchziehen lassen. Anschließend mit der kalten Sahne im Cutter (Moulinette) zu einer Farce verarbeiten. Die gehackten Korianderblätter unterheben.

In die Mitte der Wan-Tan-Blätter jeweils eine teelöffelgroße Kugel der Garnelenmasse geben. Den Teig rundherum mit verquirltem Ei bestreichen, nach oben zusammenraffen und die Wan Tan in eine gleichmässige schöne Form bringen. Den Teig oben fest zusammendrücken.

Die Wan Tan in 170 Grad heißem Öl goldgelb ausbacken. Auf Küchenpapier entfetten und mit gemahlenem Koriander bestreut servieren.

Tipp: Die Koriandersamen röstet man trocken, bis sie gut duften, dann in einer kleinen Gewürzmühle bereithalten. Schmeckt viel aromatischer als das fertig gekaufte Pulver!

FÜR 16 WAN TAN
400 g Garnelen (»Seawater«), geschält
10 g Ingwer, geschält
2 Knoblauchzehen
Salz, Pfeffer aus der Mühle, Zucker
reichlich gemahlene geröstete Korianderkörner (siehe Tipp)
200 ml Sahne, kalt
5 Zweige Koriandergrün, fein gehackt
16 Wan-Tan-Blätter (Asiamarkt)
1 Ei, verquirlt
Öl zum Ausbacken

Wan Tan sind echte Kühlschrank-Aufräumer, denn ihr könnt sie mit allen erdenklichen Zutaten füllen. Die Masse sollte allerdings nicht zu feucht sein, sonst platzen die Teigtaschen.

Die klassische Frühlingsrolle mit einer überraschenden Variante der süß-sauren Sauce.

Garnelen-Frühlingsrollen mit Aprikose

400 g kleine rohe Garnelen (»Seawater«),
geschält,
küchenfertig
1 kleine rote Zwiebel
1 Karotte
½ rote Paprika
1 Baby Pak Choy
½ Stange Lauch
½ Knoblauchzehe
3 EL Sojasauce

FÜR DEN APRIKOSENDIP:
2 Knoblauchzehen
1 daumengroßes Stück Ingwer
100 g Aprikosenmark (Fertigprodukt;
siehe Tipp)
100 g brauner Zucker
50 ml Branntweinessig
2 TL Tomatenmark

8 quadratische Frühlingsrollen-Teigblätter
etwas Speisestärke
Sonnenblumenöl zum Ausbacken

Die Garnelen in kleine Stücke schneiden. Zwiebel, Karotte und Paprika schälen. Pak Choy und Lauch waschen. Alle Gemüse in feine Streifen schneiden und mit den zerkleinerten Garnelen vermengen. Den Knoblauch dazureiben und mit der Sojasauce mischen.

Für den Dip Knoblauch und Ingwer schälen und grob hacken. Alle Zutaten in einen Topf geben, aufkochen und 30 Minuten köcheln lassen. Danach durch ein feines Sieb passieren und abkühlen lassen.

Für die Frühlingsrollen etwas Speisestärke mit wenig Wasser zu einem dicken Brei anrühren. Die Teigblätter mit einer Spitze zu sich weisend auf die Arbeitsfläche legen, etwas Füllung auf das untere Viertel geben und die nach unten weisende Teigspitze über die Füllung zur Mitte schlagen. Den Teig aufrollen, dabei die nach rechts und links weisenden Teigenden ebenfalls zur Mitte schlagen. Zuletzt das Teigende mit wenig Stärkebrei bestreichen und die Rolle komplett einrollen.

Die Frühlingsrollen in reichlich heißem Fett schwimmend ausbacken und mit der Aprikosensauce servieren.

Tipp: Falls kein fertiges Aprikosenmark erhältlich ist, 200 g entsteinte, geschälte Aprikosen mit 100 ml Weißwein und 50 g Gelierzucker dick einköcheln und anschließend mixen.

Deutsche Sushi

Matjesröllchen

200 g Keniabohnen (feine grüne Bohnen)
1 Schalotte
½ Apfel
3 EL Crème fraîche
2 Matjesdoppelfilets
16 Scheiben Frühstücksspeck (Bacon)
wenig Sonnenblumenöl zum Anbraten

Die Enden der Keniabohnen abschneiden, sodass sie gleichmäßig lang sind. Die Bohnen in kochendem Salzwasser bissfest garen, abgießen und kalt abschrecken.

Die Schalotte sehr fein würfeln (1 x 1 mm). Den Apfel schälen, entkernen und ebenfalls sehr fein würfeln. Beides mit der Crème fraîche vermengen.

Die Matjesdoppelfilets vom Schwanz befreien und mit Apfel-Schalotten-Crème-fraîche füllen.

Jeweils 4 Scheiben Speck überlappend zu einer Fläche auslegen, die Bohnen eng aneinanderliegend darauf auslegen, etwas von der Crème-fraîche-Masse daraufgeben. Jeweils ein halbes der gefüllten Matjesfilets in den Speck-Bohnen-Mantel einrollen; die Bohnenschicht sollte rund um das Matjesfilet einen schönen Ring ergeben (falls für ein schönes Schnittbild nötig, entweder noch Bohnen ergänzen oder wegnehmen).

Die Röllchen in ganz wenig Sonnenblumenöl zuerst mit der Verschlussseite nach unten, dann rundherum vorsichtig anbraten. Kurz auskühlen lassen und dann in jeweils 3 Stücke schneiden.

Sushi aus dem eigenen Garten. Ein gutes Matjesfilet, Böhnchen und Äpfel werden mit Speck umwickelt und kurz angebraten. Für Wasabi-Freunde gibt es reichlich geriebenen Meerrettich oben drauf.

Tipp: Die Sushirollen auf der Seite mit der überlappenden Verschlusskante zuerst anbraten. So schließt sich die Naht und der Speck bildet eine gleichmäßig krosse Hülle.

Fish 'n' Chips

Für den Bierteig:
2 Eier
125 g Mehl
1 TL Salz
120 ml Kölsch

1 Zanderfilet ohne Haut (ca. 400 g)
Salz, Pfeffer aus der Mühle
etwas Mehl zum Wenden
Sonnenblumenöl zum Ausbacken

2 große mehlig kochende Kartoffeln

Für den Bierteig die Eier trennen. Mehl, Salz, Kölsch und die Eigelbe verrühren. Das Eiweiß steif schlagen und vorsichtig unter den Teig heben.

Das Fett zum Frittieren erhitzen (in der Friteuse oder in einem tiefen Topf). Das Zanderfilet in 16 gleich große Stücke teilen. Mit Salz und Pfeffer würzen, in Mehl wälzen, durch den Bierteig ziehen und sofort im heißen Fett schön goldbraun ausbacken.

Die Kartoffeln schälen, in dicke Stifte schneiden und in kaltem Wasser waschen. Zunächst im 130 Grad heißen Fett 5 Minuten blanchieren, herausnehmen und abkühlen lassen – jetzt sind sie gar. Das Fett auf 180 Grad erhitzen und die erkalteten Pommes darin knusprig und goldbraun ausbacken.

Zusammen mit dem Fisch servieren. Dazu passen Essig (englische Variante) oder verschiedenen Dips.

So wünscht man sich den englischen Klassiker: selbstgemachte Pommes und zartes Zanderfilet im Bierteig.

Geräucherte Forellenfilets mit Bärlauch und Crème fraîche – eine geile Kombi! Wichtig ist, dass ihr die »Torte« gut durchkühlen lasst.

Bärlauch-Forellen-Torte

Für den Crêpeteig:
250 ml Milch
50 g Bärlauch
2 Eier
150 g Mehl
50 g Butter, flüssig
Salz, Pfeffer aus der Mühle, Muskatnuss

Für die Füllung:
250 g geräucherte Forellenfilets
150 g Crème fraîche
1 rote Zwiebel, gehackt
30 g frisch geriebener Meerrettich
1 unbehandelte Zitrone, abgeriebene Schale
etwas gehackte glatte Petersilie
Salz, Pfeffer aus der Mühle, Zucker

1 Bund Schnittlauch, fein geschnitten
1 kleines Glas Lachskaviar

Für den Crêpeteig zuerst die Milch mit dem Bärlauch fein mixen. Anschließend mit Eiern, Mehl, Butter und den Gewürzen zu einem flüssigen Teig rühren. Den Teig portionsweise in einer beschichteten Pfanne zu hauchdünnen Crêpes ausbacken, ohne Farbe annehmen zu lassen. Auskühlen lassen.

Für die Füllung die Forellenfilets fein würfeln. Mit Crème fraîche, Zwiebel, Meerrettich, abgeriebener Zitronenschale und gehackter Petersilie vermengen und abschmecken. Etwas Crème fraîche zum Verzieren zurückbehalten.

Zum Aufschichten eine Crêpe dünn und gleichmäßig mit Füllung bestreichen, mit einer zweiten Crêpe bedecken und so weiterfahren, bis eine schöne Torte entstanden ist. Abschließend den Rand der Schichttorte mit Crème fraîche bestreichen und mit Schnittlauchröllchen bestreuen. Die Torte 6 Stunden durchkühlen lassen. Zum Servieren in Tortenstücke schneiden und diese mit etwas Crème fraîche und Kaviar verzieren.

Herzhaftes für unterwegs

Geröstetes Garnelenbrot mit Mangochutney

Die Garnelen zusammen mit Ingwer und Knoblauch durch den Fleischwolf drehen (alternativ im Cutter/Moulinette nicht zu fein zerkleinern und den geriebenen Ingwer daruntermischen). Mit Salz, Pfeffer und Muskatnuss abschmecken. Mit einem Palettenmesser auf die Toastbrotscheiben streichen. In einer Pfanne in reichlich heißem Öl zuerst auf der bestrichenen Seite goldbraun braten. Wenden und auf der zweiten Seite ebenfalls goldbraun braten. Auf Küchenpapier entfetten.

Für das Chutney die Schalotten würfeln und im Sesamöl sanft dünsten, ohne dass sie Farbe annehmen. Chili und Mango beigeben und kurz mitdünsten, dann sofort mit dem weißen Balsamico ablöschen und vom Feuer nehmen. Vom gehackten Koriander etwas als Garnitur beiseitelegen, den Rest unter das Chutney mischen. Mit Salz, Zucker und Pfeffer abschmecken.

12 Garnelen (»Seawater«), ohne Kopf, geschält
1 daumengroßes Stück Ingwer, geschält
2 Knoblauchzehen
Salz, Pfeffer aus der Mühle, Muskatnuss
4 Scheiben Toastbrot
Sonnenblumenöl zum Braten

FÜR DAS CHUTNEY:
4 Schalotten
1 EL geröstetes Sesamöl
1 milde rote Chili, entkernt, fein gewürfelt
1 reife Mango, gewürfelt
4 EL weißer Balsamico
1 Bund Koriander, fein gehackt
gemahlene geröstete Korianderkörner
Salz, Zucker, Pfeffer aus der Mühle

Ein superschnelles und ebenso geniales Gericht. Die mit Ingwer gewürzte Garnelenmasse schmeckt leicht und frisch, das geröstete Toastbrot warm und kross. Alles, was man braucht!

Ofenkartoffeln mit Crème fraîche und Rauchlachs

8 mittlere vorwiegend festkochende
Kartoffeln (z. B. Drillinge)
Meersalz zum Backen
150 g Crème fraîche
Salz, Pfeffer aus der Mühle, Zucker
1 Bund Frühlingszwiebeln
1 unbehandelte Zitrone, abgeriebene Schale
200 g Räucherlachs guter Qualität

Die Kartoffeln waschen und auf ein mit Meersalz ausgestreutes Blech setzen. Im Backofen bei 160 Grad je nach Größe 1½–2 Stunden weich garen.

Die Crème fraîche mit Salz, Pfeffer und Zucker abschmecken. Die Frühlingszwiebeln fein schneiden.

Dann muss alles sehr schnell gehen: Die Kartoffeln in der Mitte leicht einschneiden, etwas auseinanderdrücken, mit der Crème fraîche füllen, mit Frühlingszwiebeln und abgeriebener Zitronenschale bestreuen und mit Räucherlachs belegen. Sofort essen, solange die Kartoffel noch schön warm ist.

Große Folienkartoffeln kennt jeder. Diese Kleinen eignen sich aber besser als Snack. Man kann sie nach Herzenslust füllen. Für Party und Picknick unschlagbar.
Mein Tipp: Kauft Crème fraîche aus der Normandie, die schmeckt viel aromatischer.

Seeteufel im Kichererbsenmantel mit Tomatensalsa

Zuerst die Salsa zubereiten: Die Tomaten vom Strunk befreien und auf der anderen Seite kreuzförmig einritzen. In kochendem Wasser kurz brühen, dann sofort in Eiswasser abschrecken, häuten, entkernen und in kleine Würfel schneiden. Mit Salz, Pfeffer und Kreuzkümmel würzen. Die Frühlingszwiebeln und den Knoblauch in hauchdünne Scheiben schneiden und unterheben. 1 Stunde im Kühlschrank ziehen lassen. Vor dem Servieren mit Olivenöl und Balsamico abschmecken.

Das Seeteufelfilet in 1½ cm dicke Medaillons schneiden, diese mit Salz und Pfeffer würzen und leicht in Mehl wenden.

Das Kichererbsenmehl mit der fein gewürfelten Paprika, dem gehackten Koriander, Raz el Hanout, Currypulver und kaltem Wasser zu einem Ausbackteig anrühren. Mit Salz, Pfeffer, Muskatnuss und Zucker abschmecken.

Das Öl zum Ausbacken erhitzen. Die im Mehl gewendeten Seeteufelmedaillons auf einen Spieß stecken, durch den Ausbackteig ziehen und im 170 Grad heißen Öl goldgelb ausbacken. Auf Küchenpapier entfetten.

300 g Seeteufelfilet
Salz, Pfeffer aus der Mühle
etwas Mehl

150 g Kichererbsenmehl
1 rote Paprika, entkernt, fein gewürfelt
1 Bund Koriander, gehackt
1 TL Raz el Hanout
1 Msp. Currypulver
kaltes Wasser
Salz, Pfeffer aus der Mühle, Muskatnuss, Zucker
Öl zum Ausbacken

Für die Tomatensalsa:
4 große, fleischige Tomaten
1 Msp. gemahlener Kreuzkümmel
2 Frühlingszwiebeln
1 Knoblauchzehe
etwas Olivenöl und weißer Balsamico

Kichererbsenmehl steckt voller Eiweiß und Mineralstoffe. Geschmacklich ist es eine interessante Alternative zu Weizenmehl. Es schmeckt fast etwas grasig.

Seezungen-Tempura mit Estragonmayonnaise

1 Seezunge (ca. 800 g)
Salz, Pfeffer aus der Mühle
1 Knoblauchzehe, ganz fein gewürfelt
1 EL Currypulver
1 Msp. Piment d'Espelette
1 unbehandelte Limette, abgeriebene Schale und Saft
200 g Tempuramix (Asialaden; siehe Tipp)
2–3 Eiswürfel
etwas Mehl
Sonnenblumenöl zum Ausbacken
10–12 Umdrehungen gemahlene geröstete Korianderkörner

FÜR DIE MAYONNAISE:
1 Ei
1 EL Senf
1 unbehandelte Zitrone, abgeriebene Schale und Saft
1 EL weißer Balsamico
Salz, Zucker, Pfeffer aus der Mühle
400 ml Sonnenblumenöl
1 Bund Estragon, Blätter abgezupft

Zuerst die Seezunge häuten, filetieren und sorgfältig von den weißen Häutchen befreien (oder bereits ausgelöste Seezungenfilets kaufen). Anschließend die Seezungenfilets in längliche Streifen schneiden und mit Salz und Pfeffer würzen. Den Knoblauch mit Curry, Piment d'Espelette, Limettenschale und -saft im Mörser zu einer Paste vermischen und die Seezungenstreifen damit marinieren.

Die Tempurateigmischung mit Wasser zu einem dickflüssigen Teig anrühren und mit Eiswürfeln abkühlen. Je kälter der Teig ist, umso schöner franst er später beim Ausbacken aus.

Das Fett zum Ausbacken erhitzen. Die marinierten Seezungenstreifen leicht in Mehl wenden. Auf einen Holzspieß stecken, durch den Tempurateig ziehen und im 170 Grad heißen Fett goldgelb ausbacken. Auf Küchenpapier entfetten und mit dem gemahlenen Koriander würzen.

Für die Mayonnaise alle Zutaten außer die Estragonblätter in ein schlankes, hohes Gefäß geben und 5 Minuten stehen lassen. Wenn sich das Öl wieder komplett an der Oberfläche abgesetzt hat, den Mixstab in das Gefäß eintauchen und am Boden zu mixen beginnen. Sobald eine Emulsion entstanden ist, den Mixstab langsam nach oben ziehen und das Öl einarbeiten. Mit Salz, Zucker und Pfeffer nachwürzen und zum Schluss die Estragonblätter daruntermixen.

Tipp: Falls kein Tempuramix erhältlich ist, halb Mehl, halb Stärke mit Wasser zu einem zähflüssigen Teig anrühren.

Es ist gar nicht schwer, eine Mayonnaise selber herzustellen – einfach mal ausprobieren! Das Ergebnis wird euch überzeugen.

Herzhaftes für unterwegs

Zanderburger mit Yuzu-Zitrone

Das Zanderfilet in 4 gleich große Stücke teilen, mit Salz und Pfeffer würzen, dann in Mehl und Ei wenden und mit dem Panko-Paniermehl panieren.

Für die Yuzu-Sauce Eigelb, Yuzusaft und -pulver, Senf, Kapernsud, Kapern, Knoblauch und Zucker mit dem Mixstab vermischen, dann langsam das Sonnenblumenöl einmixen. Zum Verfeinern und zum Erreichen der gewünschten Konsistenz noch etwas Olivenöl daruntermixen. Mit Salz und Zucker abschmecken.

Die Zanderfilets in einer Pfanne in reichlich heißem Öl goldbraun und knusprig braten.

Die Endiviensalatblätter in feine Streifen schneiden und mit der Yuzu-Sauce vermengen. Die Brötchen quer halbieren, auf beide Hälften den Salat mit der Sauce auftragen. Den gebratenen Zander zwischen die Brothälften geben und servieren.

Tipp: Yuzu-Saft und -Pulver sind im Asialaden oder im Internethandel z. B. bei Bos Food (www.bosfood.de) erhältlich. Ersatzweise normale Zitronenschale und -saft verwenden.

1 Zanderfilet ohne Haut (ca. 400 g)
Salz, Pfeffer aus der Mühle
etwas Mehl
2 Eier, verquirlt
150 g Panko-Paniermehl (Asia-Laden)
Öl zum Braten

FÜR DIE YUZU-SAUCE:
1 Eigelb
1 TL Yuzu-Zitronen-Saft
1 TL Yuzu-Zitronen-Pulver (siehe Tipp)
½ TL Senf
1 TL Sud von eingelegten Kapern
einige Kapern
¼ Knoblauchzehe
1 Prise Zucker
100 ml Sonnenblumenöl
etwas gutes mildes Olivenöl

1 kleiner Endiviensalat, gewaschen
4 Sesambrötchen

Ein Fischbrötchen deluxe – das Panko-Paniermehl sorgt für eine superknusprige Panierung. Panko und Yuzu-Zitrone bekommt ihr in asiatischen Lebensmittelgeschäften.

Tipp: Statt Zander kann man auch anderen weißfleischigen Fisch verwenden.

Zander in Kartoffelkruste mit Gurkensalat

Für den Gurkensalat zuerst die Gurke von der Schale befreien, dann mit dem Sparschäler fortlaufend lange Streifen von der Gurke abschälen, bis das Kerngehäuse erscheint. Die Gurkenstreifen mit etwas Salz und Zucker mischen und stehen lassen, bis sie reichlich Wasser gezogen haben. Das Wasser der Gurken abgießen und die Gurkenstreifen vorsichtig ausdrücken.

Zwiebel und Dill fein schneiden. Zusammen mit Senf und Essig zu den Gurkenstreifen geben, alles gut vermengen und nochmals abschmecken. Zuletzt mit etwas Olivenöl verfeinern.

Die Kartoffel schälen und auf einer Küchenreibe fein reiben. Die Kartoffelmasse mit Salz und Muskat abschmecken.

Das Zanderfilet in vier gleichmäßig große Stücke schneiden und leicht mit Salz und Pfeffer würzen. Die Kartoffelmasse auf die Zanderstücke geben. Mit der Kartoffelseite nach unten in eine Pfanne mit Olivenöl geben und bei mittlerer Hitze braten, bis die Kartoffelkruste goldbraun ist. Dann die Fischstücke wenden, Thymian- und Rosmarinzweige sowie die Butter dazugeben und kurz fertig braten. Den Fisch auf dem Gurkensalat anrichten.

Gurkensalat:
1 Gartengurke
Salz, Zucker
1 rote Zwiebel
½ Bund Dill
½ TL Senf
1 EL Champagneressig
etwas gutes mildes Olivenöl

1 Zanderfilet ohne Haut (ca. 600 g)
1 große mehlig kochende Kartoffel
frisch geriebene Muskatnuss, Pfeffer aus der Mühle
Olivenöl zum Braten
einige Thymian- und Rosmarinzweige
etwas Butter zum Verfeinern

Ich liebe Gurkensalat — es gibt ja
soooo viele Varianten davon. Versuch's
mal mit der hier vorgeschlagenen.
Dazu knuspriger Zander — einfach lecker.
Und dank der Kartoffelkruste eine
vollwertige Mahlzeit.

Flammlachs

1 Zedernholzbrett, etwas größer als das Lachsfilet
1 Lachsfilet, am besten schottischer Lachs, mit Haut
etwas Olivenöl bester Qualität
Zitronensaft
Fleur de Sel, Pfeffer aus der Mühle, gemahlener gerösteter Koriander

Das Zedernholzbrett mit einem Gewicht beschwert über Nacht in Wasser einlegen. Das ist unabdingbar für den gewünschten Effekt von Räuchern und Dämpfen. Ohne Wässern würde das Brett direkt Feuer fangen.

Den Holzkohlegrill einheizen, bis die Kohlen glühend heiß sind.

Den Lachs ungewürzt mit der Hautseite auf das gewässerte Brett legen. Das Brett dann auf den Rost des Grills legen und beides zusammen für etwa 15–20 Minuten so nah wie möglich über den glühenden Kohlen platzieren. Durch die Hitze verdampft das Wasser und das Lachsfilet wird quasi gedämpft. Das Zedernholz und die glühende Kohle verleihen ihm die Räucheraromen. Wenn sich auf Fingerdruck die Lamellen des Lachsfilets leicht auseinanderschieben lassen, ist der Lachs fertig gegart. Er sollte auf keinen Fall zu stark durchgegart werden!

Unmittelbar vor dem Verzehr mit einer Mischung aus hochwertigem Olivenöl, Zitronensaft, Pfeffer, Fleur de Sel und gemahlenem Koriander beträufeln.

Eine Mischung aus gedämpftem und geräuchertem Lachs. Dank des gewässerten Zedernholzbretts bleibt der Fisch saftig, die Kohle gibt ihm ein knackiges Raucharoma.

»bratwerk« – mein Traum

Im Fernsehen zu kochen und gleichzeitig Küchenchef im »La Société« zu sein, war auf Dauer ziemlich anstrengend. Deshalb landete ich auf der Straße ... Keine Angst, es drohte mir nicht die Arbeitslosigkeit. Ich entschied mich vielmehr eines Tages, meine eigene Würstchenbude zu eröffnen, das »bratwerk by mario kotaska«.

Hier wollte ich genauso lecker kochen wie im »La Société«, aber viel einfacher. Ich wollte gutes Essen auf die Straße bringen. Durch das viele Herumreisen war mir immer wieder aufgefallen, wie minderwertig und unbefriedigend die meisten Straßen-Snacks sind: ob fade Phosphatstangen oder pappige Gummi-Bretzel aus der Großbäckerei, mal ganz abgesehen vom geschmacksverstärkten, fetttriefenden Döner Kebab oder dem einschlägigen Fastfood-Grauen.

In vielen anderen Ländern scheint es dieses Problem nicht zu geben. Die Straßenküchen Asiens sind unbeschreiblich vielfältig und lecker. Der letzte Schrei in den USA sind bunte »Food Trucks«. Und man muss nur mal rüber nach Italien, Frankreich oder in die Beneluxländer schauen: belgische Pommes, holländische Frikandel ... Lange Rede, kurzer Sinn: Irgendjemand müsste doch hierzulande endlich gutes Essen auf der Straße verkaufen, dachte ich. Zusammen mit meinem Freund und Sous-Chef Dominic grübelte ich 2007

zum ersten Mal darüber nach, wie wir mit einer »Frittenbude« zu einer Kölner Institution werden könnten. Ein Imbisswagen nach dem Vorbild amerikanischer »Food Trucks« sollte es sein – das war beschlossene Sache.

Die Vorarbeiten waren schnell angeschoben: Zunächst brauchte ich die perfekte Wurst. Und klar – die perfekte Currysauce für die Wurst. Natürlich entsprach keine der handelsüblichen Würste meinen Erwartungen, weshalb ich einfach selber eine Wurstmasse kreierte und sie beim Metzger meines Vertrauens in Serie schickte. Genauso machte ich es mir der Currysauce. Nach unzähligen Testläufen hatte ich endlich meine Sauce gefunden: das »Original«. Das Rezept ist bis heute mein Geheimnis. Nur soviel: Das »Original« zeichnet sich durch zwei unterschiedliche Currymischungen aus, die eine sorgt für Vollmundigkeit, die andere für Schärfe. Heute gibt es noch eine zweite, fruchtige Saucenvariante: die »Exotische«. Und ich biete ein eigenes Schaschlik samt Sauce an: ein klassisches Schweine-Schaschlick aus Schweineschulter, Paprika, Zwiebeln und Speck. Die Rezepte für ein besonderes Schaschlik und eine orientalische Currywurst-Variante findet ihr auf Seite 94 und 102.

Natürlich sollte sich mein »bratwerk« schon durch sein Aussehen von anderen Frittenbuden absetzen. Also ließ ich einen Imbisswagen nach meinen eigenen Wünschen gestalten: reduziert stylish in Schwarz, mit einer orangefarbenen Flamme und dem Namen ... 2009 konnte das »bratwerk by mario kotaska« dann endlich eröffnen. Toll, doch damit hatte ich noch eine Verpflichtung mehr. Neben meiner Küchenchefstelle war ich mittlerweile etliche Tage im Jahr für Fernsehaufzeichnungen, Messen und Veranstaltungen unterwegs. Ich konnte mich nicht mehr genug um die Restaurantgäste im »La Société« kümmern, und so kündigte ich und übergab den Chefposten endgültig an Dominic.

Über die Vorzüge meiner mobilen Straßenküche freue ich mich seitdem immer wieder. Mit dem »bratwerk« koche ich einfach dort, wo die hungrigen Menschen sind: an Konzerten, auf Messen, bei den Kölner Haien oder beim Kölner Karneval. Kürzlich durfte ich sogar am Nürburgring dabei sein und auf Schalke ...

Nordhessische Speckzungen

Zuerst den Teig mit den Knethaken in der Küchenmaschine herstellen und etwa 30 Minuten gehen lassen. Den Teig ausrollen und zu langen »Zungen« formen. Mit einer Gabel einstechen.

Für den Belag das Mehl im heißen Schmalz hell anschwitzen, mit der Milch ablöschen, den Schmand beifügen und mit Salz, Muskatnuss und Zucker abschmecken.

Die Frühlingszwiebeln in feine Ringe schneiden und zusammen mit dem Knoblauch zur Béchamelsauce geben und kurz weiter köcheln. Alles zusammen mit dem Ei und der gehackten Petersilie vermengen und auf den Teigzungen verteilen.

Den Speck in daumennagelgroße Blättchen schneiden, in der Brösel-Panko-Mischung wälzen und diese fest andrücken, dann dicht auf dem Belag verteilen. Im 220 Grad heißen Ofen backen, bis der Speck braun und kross ist.

Dazu passt Malzkaffee oder ein naturtrübes »Hütt«.

FÜR 10 STÜCK

FÜR DEN TEIG:
400 g Mehl (Type 405)
1 Würfel Hefe
250 ml lauwarmes Wasser
1 Prise Zucker
10 g Salz
etwas Sonnenblumenöl für die Form

FÜR DEN BELAG:
50 g Mehl
50 g Schweineschmalz
750 ml Milch
250 g Schmand oder Sauerrahm
Salz, Muskatnuss, Zucker
750 g Frühlingszwiebeln
2 Knoblauchzehen, fein geschnitten
1 Ei
½ Bund glatte Petersilie, gehackt

300 g fetter geräucherter Rückenspeck, in 3 mm dicke Scheiben geschnitten
200 g Semmelbrösel
200 g Panko (asiatisches Paniermehl)

Samstags gab es zu Hause immer Speckkuchen
mit frischen »Schlotten« (Lauchzwiebelchen) aus dem Garten.
Meine Mama hat davon immer ein großes Blech gebacken
und in Stücke geschnitten – das reichte dann den ganzen Tag
für die ganze Familie. Die Speckzungen sind meine
Unterwegs-Version des Speckkuchens.

Herzhaftes für unterwegs

Gerollter Speckpfannkuchen mit Schmand und Kopfsalat

Für die Pfannkuchen:
4 Eier
150 ml Milch
100 g Mehl
Salz, frisch geriebene Muskatnuss
150 g Bauchspeck, gewürfelt
etwas Öl zum Braten

100 g Schmand (oder Crème fraîche)
1 EL Senf
1 TL Zucker
Salz, Pfeffer aus der Mühle

1 Kopfsalat, gewaschen

Für den Pfannkuchenteig die Eier trennen. Eigelbe, Milch und Mehl verrühren und mit Salz und Muskatnuss abschmecken. Dann die Eiweiß steif schlagen und unter den Teig heben.

Den Schmand mit Senf und Zucker vermischen, mit Salz und Pfeffer abschmecken.

Vom Kopfsalat die knackigen hellgrünen und gelben Blätter grob zerzupfen.

Für die Pfannkuchen ein Viertel der Speckwürfel in einer Pfanne mit wenig Öl auslassen. Mit einem Viertel des Teigs den Pfannenboden bedecken und backen, bis die Unterseite schön goldbraun ist, dann wenden. Auf die gleiche Weise drei weitere Pfannkuchen backen und die fertigen Pfannkuchen warm stellen.

Die Pfannkuchen jeweils mit Salat und Schmand belegen und mit einem Pergamentpapier wie eine Tüte einrollen.

Meine Hommage an Gyros Pita.

Speck-Käse-Schnecken mit Schmorzwiebeln

Für den Hefeteig Hefe und Zucker verrühren, bis sich die Hefe auflöst. Butter und Milch leicht erwärmen. Die Milchmischung, das Ei und 1 Prise Salz zur angerührten Hefe geben, das Mehl beifügen und alles so lange kneten, bis der Hefeteig nicht mehr an der Schüssel klebt. Den Teig mit einem feuchten Tuch bedeckt etwa 45 Minuten auf das doppelte Volumen aufgehen lassen.

Die Zwiebeln schälen, in feine Streifen schneiden und mit dem Kümmel und wenig Salz in etwas Butter weich schmoren.

Den Hefeteig zu einem großen Rechteck ausrollen. Mit dem Käse und dem Speck bestreuen. Den Teig mit der Füllung zu einer großen Roulade einrollen. Die Roulade in dicke Scheiben schneiden.

Eine Backform ausbuttern, die geschmorten Zwiebeln gleichmäßig auf dem Boden verteilen und die Teigscheiben – sprich die Schnecken – nebeneinander auf die Zwiebeln setzen. Mit Klarsichtfolie abdecken und erneut etwa 25 Minuten gehen lassen.

Die Schnecken im Ofen bei 175 Grad etwa 45 Minuten backen.

FÜR DEN HEFETEIG:
1 Würfel Hefe
4 EL Zucker
125 g Butter
250 g Milch
1 Ei
1 Prise Salz
500 g Mehl

FÜR DEN BELAG:
300 g Emmentaler, gerieben
250 g Speckwürfel

FÜR DIE SCHMORZWIEBELN:
3 mittelgroße Zwiebeln
½ TL Kümmelsamen
Salz

Butter zum Dünsten und für die Form

Das passiert, wenn Dominic und ich uns gemeinsam ein Gericht überlegen: Es kommt etwas ganz anderes dabei heraus. In diesem Fall eine Mischung aus Buchteln und Hefeschnecken. Die Zwiebeln am Boden geben den Schnecken Feuchtigkeit und eine besondere Würze.

Rievkooche mit Tatar

FÜR DIE REIBEKUCHEN:
6 große mehlig kochende Kartoffeln
4 EL Haferflocken
1 Ei
Salz, frisch geriebene Muskatnuss
Sonnenblumenöl

RINDERTATAR:
200 g Rinderhüfte
1 Eigelb
2 EL Schnittlauchröllchen
1 EL Schalottenwürfelchen
etwas gutes Olivenöl
1 Sardelle, gehackt
1 EL gehackte Kapern
1 EL gehackte Petersilie
Salz, Pfeffer aus der Mühle

LACHSTATAR:
200 g Lachsfilet
1 EL Schalottenwürfelchen
1 EL gehackter Dill
1 unbehandelte Limette, abgeriebene Schale
etwas gutes Olivenöl
Salz, Pfeffer aus der Mühle, gerösteter Koriander

Crème fraîche zum Garnieren

Für die Reibekuchen die Kartoffeln schälen und fein reiben. Mit Salz verkneten und etwa 30 Minuten stehen lassen. Die Kartoffelmasse gründlich auspressen, dabei das entstandene Wasser auffangen und nochmals 30 Minuten stehen lassen. Dann das Wasser in einem Schwall wegschütten; verwendet wird nur die am Boden zurückgebliebene Kartoffelstärke.

Inzwischen für die beiden Tatars Rindfleisch und Lachsfilet sehr fein würfeln und mit den jeweiligen Zutaten vermengen. Kühl stellen und vor dem Servieren nochmals abschmecken.

Die geriebenen Kartoffeln mit der Kartoffelstärke, den Haferflocken und dem Ei mischen. Mit Muskatnuss abschmecken. Aus dem Teig kleine Küchlein formen und in heißem Sonnenblumenöl schwimmend goldgelb ausbacken. Auf Küchenpapier entfetten, mit Tatar bestreichen und mit einem Tupfer Crème fraîche garnieren.

Kölner Weihnachtsmärkte ohne »Rievkooche«? – Undenkbar. Die hier vorgeschlagenen eignen sich auch für Nicht-Kölner und schmecken nicht nur im Winter.

Roher Döner in gegrilltem Fladenbrot

500 g Kalbsfilet
1 Eigelb
½ Bund Schnittlauch
2 Knoblauchzehen
Olivenöl bester Qualität
Salz, Pfeffer aus der Mühle

Für die Joghurtsauce:
100 g griechischer oder Sahnejoghurt
2 Eigelb
2 TL Senf
½ Knoblauchzehe
Salz, Zucker
150 ml Olivenöl bester Qualität

½ Gurke, geschält, entkernt
1 rote Zwiebel
1 mittelgroßes Fladenbrot

Zuerst die Joghurtsauce zubereiten: Joghurt, Eigelbe, Senf und Knoblauch mixen und kräftig mit Salz und etwas Zucker abschmecken. Dann das Olivenöl einlaufen lassen und daruntermixen.

Das Kalbsfilet in feine, kleinste Würfelchen schneiden und mit dem Eigelb vermengen. Den Schnittlauch in feine Ringe schneiden, den Knoblauch fein würfeln und beides mit reichlich Olivenöl zu dem Tatar geben. Mit Salz und Pfeffer abschmecken.

Gurke und Zwiebel in feine Streifen schneiden.

Das Fladenbrot vierteln, die Viertel zum Füllen einschneiden und von beiden Seiten knusprig grillen. Die gegrillten Fladenbrottaschen innen mit der Joghurtsauce bestreichen und das Kalbstatar mit den Zwiebeln und den Gurken hineinfüllen.

Ein roher Döner?! Auf jeden Fall, denn das zarte Kalbfleisch schmeckt wunderbar als Tatar! Es sollte natürlich knallfrisch sein, bis zum Servieren im Kühlschrank stehen und nicht länger als zwölf Stunden gelagert werden.
TIPP: Mischt das Tatar zuerst mit Eigelb, so kann es nicht oxidieren.

Buletten Schalke 04

Die Zwiebeln und den Knoblauch sehr fein würfeln, die Petersilie fein hacken. Die Zwiebeln in Sonnenblumenöl hellbraun anbraten, ganz zum Schluss Knoblauch und Petersilie beifügen und kurz mitbraten. Die Zwiebelmischung abkühlen lassen, dann zusammen mit den ausgedrückten zerzupften Brötchen, den Eiern, Ketchup und Senf zum Hackfleisch geben und alles gründlich vermengen. Mit Salz (pro Kilogramm rechnet man 18 g Salz), einem Hauch Muskatnuss und Pfeffer nach Geschmack würzen.

Aus der Masse mit angefeuchteten Händen Buletten formen und diese in reichlich Sonnenblumenöl von beiden Seiten goldgelb braten. Zum Schluss einige Butterflöckchen dazugeben, schmelzen und braun werden lassen. Die Buletten mit der braunen Butter beträufeln.

FÜR EINEN BERG VOLL BULETTEN

1 kg Kalbshackfleisch
4 kleine Zwiebeln
1 Knoblauchzehe, fein gewürfelt
1 Bund glatte Petersilie
Sonnenblumenöl zum Braten
2 Brötchen vom Vortag, in etwas Wasser eingeweicht
3 Eier
4 EL Ketchup
2 EL Senf
Salz, Muskatnuss, Pfeffer aus der Mühle
etwas Butter

In der Kneipe des Schalker Fan-Club-Verbandes Buletten braten zu dürfen, war eine riesige Ehre für mich.

Tipp: Bei Buletten gilt die Küchenregel Nr. 1: Weniger ist mehr. Nehmt lieber weniger Brot und dafür mehr Fleisch. Und noch was: Die Zwiebeln vorher anrösten, so bekommen eure Buletten ein ganz besonderes Aroma.

Herzhaftes für unterwegs

Prosecco-Huhn

Den Bürzel (Talgdrüse) und die Flügel des Hühnchens abtrennen. Das Hühnchen innen und außen mit Olivenöl einreiben, mit Salz und Pfeffer würzen und mit Thymian, Rosmarin und zerkleinertem Knoblauch füllen. Die Schenkel zusammenbinden und das Huhn in ein tiefes Backblech geben. Die Kartoffeln nach Belieben schälen, mit etwas Olivenöl und Salz mischen und rund um das Huhn auf das Blech verteilen. Im Ofen bei 175 Grad etwa 100 Minuten backen, dabei alle 20 Minuten mit etwas Prosecco begießen.

Die Artischocken putzen, vierteln und sofort mit reichlich Zitronensaft marinieren. Die Schalotten schälen und der Länge nach sechsteln; Karotten und Petersilienwurzeln schälen und in grobe Stücke schneiden; den Fenchel von den grünen Stängeln und dem Strunk befreien und in Spalten schneiden; alle Gemüse mit Olivenöl, Salz und Piment d'Espelette marinieren und nach 40 Minuten zu dem Huhn und den Kartoffeln auf das Blech geben.

Die Kirschtomaten halbieren, die Champignons vierteln, beides ebenfalls mit etwas Olivenöl und Salz marinieren und nach 70 Minuten zu den restlichen Zutaten auf das Blech geben.

Nach Ende der Garzeit das Huhn vom Blech nehmen und den aromatischen Fleischsaft aus dem Inneren des Huhns zum Gemüse gießen. Die Brüste und die Keulen von der Karkasse lösen und mit dem Gemüse und dem Sud vom Blech anrichten.

1 Hühnchen, am besten aus Freilandhaltung (vom Metzger Ihres Vertrauens)
bestes Olivenöl
Salz, Pfeffer aus der Mühle
einige Zweige Rosmarin und Thymian, junger Knoblauch
1 Flasche Prosecco

500 g kleine neue Kartoffeln (Brätlinge)
4 kleine Artischocken
1 Zitrone, Saft
4 Schalotten
2 Karotten
2 Petersilienwurzeln
1 Fenchelknolle
2 Msp. Piment d'Espelette
200 g Kirschtomaten, gewaschen
200 g kleine Champignons, geputzt

Dieses Huhn ist der Knaller! Es schmeckt heiß und kalt, und man kann es prima einpacken und mitnehmen. Bitte nur echte Landhühner aus Freilandhaltung nehmen. Industrie-Hühner schmecken nicht.

Herzhaftes für unterwegs **85**

Eins-zwei-drei-Hähnchenkeule

Basilikumblätter, Erdnussbutter und süße Chilisauce im Mixer zu einer Paste mixen. Die Hähnchenkeulen leicht salzen und großzügig mit der Paste einreiben; den Rest der Paste als Dip beiseitestellen.

Die Hähnchenkeulen bei 160 Grad im Ofen knusprig backen und mit dem Dip servieren.

Tipp: Der Dip kann auch für sich allein stehen und ist ein »Knaller« auf jeder Party!

1 Tasse Basilikumblätter
2 Tassen Erdnussbutter
3 Tassen süße Chilisauce für Hühnchen
4 Hähnchenkeulen, am besten von Freilandhühnern
Salz

Diese Erdnusskeulen sind unschlagbar lecker. Das Tolle: Ihr könnt die Mengenverhältnisse der Marinade nach Belieben tauschen. Wenn ihr es richtig scharf haben wollt, nehmt ihr drei Teile der scharfen Sauce. Und wenn ihr die Keulen für den Kindergeburtstag braten wollt, nehmt ihr drei Teile milde Erdnusssauce.

Marios Backhendl

4 Stubenküken (ca. 350 g)
Salz, Paprikapulver edelsüß
100 g Mehl
3 Eier, verquirlt
250 g Panko-Paniermehl (Asialaden)
Sonnenblumenöl zum Ausbacken
1 Zitrone, in Spalten geschnitten

Die Brüste und die Keulen von den Stubenküken abtrennen, den Knochen aus der Oberkeule herauslösen. Die Hähnchenteile mit Salz und Paprikapulver würzen. Dann zuerst in Mehl wälzen, anschließend durch das verquirlte Ei ziehen und zum Schluss im Panko-Paniermehl wenden und dieses leicht andrücken.

Die Hähnchenteile in reichlich heißem Fett in der Friteuse oder Pfanne etwa 5–7 Minuten knusprig ausbacken. Herausnehmen, 5 Minuten ruhen lassen und mit Zitronenspalten servieren.

Wiener Schnitzel mit Huhn! Sommerlich, lecker und auf jeden Fall mit Zitrone. Und weil sie so praktisch als Snack sind, nehme ich für dieses Rezept gern Stubenküken. Mit Panko-Panade wird es besonders knusprig.

Geräucherte Entenspieße mit Apfel-Rosmarin-Kompott

4 Entenbrüste
Räuchermehl (im Angelladen erhältlich)
1 Zweig Rosmarin
10 Wacholderbeeren, zerstoßen

FÜR DAS APFEL-ROSMARIN-KOMPOTT:
50 g Zucker
2 Sternanis
1 Zimtstange
2 Zweige Rosmarin
1 unbehandelte Zitrone, abgeriebene Schale
20 g Butter
100 ml trockener Weißwein
2 Äpfel

Salz, Pfeffer aus der Mühle
12 Süßholzspieße
Fleur de Sel, Pfeffer aus der Mühle

Die Entenbrüste parieren, die Fettseite fein einritzen und die Brüstchen auf ein in die vorgesehene Räucherpfanne passendes Gitter setzen. Das Räuchermehl zusammen mit einem Rosmarinzweig und den zerstoßenen Wacholderbeeren erhitzen, bis es glimmt. Das Gitter mit den Entenbrüsten hineinstellen und mit einer umgedrehten zweiten Pfanne dicht abdecken, sodass das Fleisch gleichmäßig rundherum mit genügend Rauch umhüllt ist. Vom Herd nehmen und im Rauch auskühlen lassen.

Die geräucherten Entenbrüste in einer leer erhitzten Pfanne zuerst auf der Fleischseite nur ganz kurz und anschließend auf der Fettseite kross braten; falls nötig im vorgeheizten Ofen bei 120 Grad fertig garen (das Fleisch sollte eine Kerntemperatur von 58 Grad haben). Auskühlen lassen.

Für das Kompott den Zucker mit Sternanis, Zimtstange, Rosmarinzweigen und Zitronenschale karamellisieren, die Butter dazugeben und sofort mit Weißwein ablöschen. Den Apfel schälen, entkernen und klein würfeln, beifügen und so lange einköcheln lassen, bis es schön gebunden ist.

Die Entenbrüste der Länge nach dünn aufschneiden und wellenförmig auf die angespitzten Süßholzspieße stecken. Mit Fleur de Sel und Pfeffer würzen und auf dem lauwarmen Apfelkompott servieren.

Selbst geräucherte Entenbrust ist lecker. Beim Räuchern solltet ihr euch vor den Dämpfen schützen. Am besten, ihr macht die Abzugshaube an und öffnet Türen und Fenster. Räucherspäne bekommt ihr im Angelladen.

Marokkanische Currywurst

Die Merguez auf dem Holzkohlegrill grillen.

Für die Currysauce die Tomaten enthäuten, entkernen und in kleine Würfel schneiden. Die Zwiebel ebenfalls klein würfeln, in Olivenöl anbraten, den gehackten Knoblauch und sofort die gewürfelten Tomaten dazugeben. Mit dem Currypulver bestäuben und mit Weißwein ablöschen. Die Sauce leicht einköcheln lassen und mit Salz, wenig Pfeffer, Zucker, Kreuzkümmel und Currypulver abschmecken. Unmittelbar vor dem Servieren mit gehacktem Koriander verfeinern.

8 kleine Merguez

Für die Currysauce:
4 große Tomaten
1 Zwiebel
Olivenöl
2 Knoblauchzehen
1 Msp. Anapurna-Curry
60 ml Weißwein
Salz, Pfeffer aus der Mühle, Zucker
1 Msp. Kreuzkümmel
1 Bund Koriander, gehackt

Das Rezept der »bratwerk«-Currywurst bleibt natürlich geheim. Diese Variante ist nicht weniger lecker und der Klopfer auf jedem Grillfest.

Stulle mit Ahle Worscht

Bei diesem »Rezept« muss ich gerade ein wenig schmunzeln ... Es ist nämlich schwierig, etwas zu rezeptieren, was man selber schon seit über 34 Jahren kennt und nie hat missen wollen!

Ihr braucht ein ordentliches Brot, frische Butter und 'ne Ahle Worscht. Ob ihr ein Roggen- oder ein Sauerteigbrot bevorzugt, liegt bei euch ... Ob ihr es dünn oder dick schneidet, liegt ebenfalls bei euch ... Wie viel Butter ihr draufschmiert? Euer Ding! Und ob »die Ahle« geräuchert oder getrocknet, dick oder dünn geschnitten is ... Na?? Liegt bei wem???

Tut mir echt leid, aber ein richtiges Rezept gibt's dafür einfach nicht. Probiert es einfach mal aus!

Ich selbst mag dicker geschnittenes Brot mit dünn geschnittener »Stracken« (das ist die gerade Version der »Ahlen Worscht«), aber dafür ordentlich Worscht druff. J

8 Scheiben frisches Krustenbrot
Butter zum Bestreichen
Ahle Worscht – wie viel bestimmt jeder selbst!

Ein Leben ohne die nordhessische »Ahle Worscht« kann ich mir nicht vorstellen. Wenn mein Onkel früher auf dem eigenen Hof geschlachtet und gewurstet hat, war ich immer dabei. Die Würste hingen dann zum Reifen monatelang in der »Wörschtekammer« – bis sie »ahl« waren. Ein gutes Brot, Butter und Ahle Worscht oben drauf – bis heute das beste Streetfood der Welt!!

Noch ein Tipp: In Nordhessen verkaufen viele Bauern selbst gemachte »Ahle Worscht« direkt ab Hof. Bestellen kann man sie hier: http://www.nordhessische-ahle-wurscht.de/

Spießbratenbrötchen vom Spanferkel

Den Spanferkelbauch salzen und mit Senf bestreichen, dann mit Paprikapulver, den Röstzwiebeln und den Gewürzgurken bestreuen. Das Fleisch einrollen und mit Küchengarn binden.

Die Gemüsezwiebeln schälen und in grobe Streifen schneiden, mit dem Kümmel in eine feuerfeste Form geben. Den Spanferkelbauch daraufgeben und im Ofen bei 170 Grad unter mehrmaligem Wenden etwa 1½ Stunden braten.

Den Weißkohl in feine Streifen schneiden und mit Salz und Zucker verkneten, bis er glasig und weich wird. Den Essig mit dem Kümmel sowie 150 ml Wasser aufkochen und auf die ursprüngliche Menge von 70 ml einkochen. Durch ein Sieb zu dem Kraut geben, etwas Öl hinzufügen und alles gut vermischen. Falls nötig nochmals mit Salz und Zucker abschmecken.

Den Rollbraten aus dem Ofen nehmen, die Schnur entfernen und das Fleisch in Scheiben aufschneiden. Mit dem Krautsalat und den geschmorten Zwiebeln aus der Bratform in den halbierten Brötchen anrichten.

1 Spanferkelbauch ohne Knochen und Schwarte
Salz
3 EL Senf
2 TL Paprikapulver edelsüß
100 g Röstzwiebeln (Fertigprodukt)
100 g Gewürzgurken, geraspelt
2 Gemüsezwiebeln
1 TL Kümmelsamen

FÜR DEN KRAUTSALAT:
1 kleiner Kopf Weißkohl
Salz, Zucker
70 ml Champagneressig
3 TL Kümmel
Pflanzenöl (z. B. Sonnenblumenöl)

4 Brötchen, quer halbiert

Als ich Küchenchef im »La Société« war, waren wir öfter bei einem befreundeten Metzger einkaufen. Als Wegzehrung bekamen wir jedes Mal Spießbratenbrötchen auf die Hand mit. Lecker!

Schaschlik mit Leber und Niere

Kalbshüfte, -leber und -niere in gleich große Würfel schneiden. Die Paprika schälen und in ebenso große Scheiben schneiden, Zwiebeln, Bauchspeck und Champignons ebenso. Alles abwechselnd auf Spieße stecken und mit Salz und Pfeffer würzen.

Die Spieße in heißem Sonnenblumenöl von allen Seiten anbraten, dann die Schmorzwiebeln hinzugeben, mit dem Rotwein ablöschen und diesen vollständig einkochen lassen. Mit Fond auffüllen, Thymianzweige, Lorbeer und Knoblauch hinzugeben und alles zusammen im Ofen bei 180 Grad etwa 35 Minuten weich schmoren.

200 g Kalbshüfte
200 g Kalbsleber
200 g Kalbsniere
1 rote Paprika
1 gelbe Paprika
4 kleine Gemüsezwiebeln
120 g geräucherter Bauchspeck in dickeren Scheiben
6 Champignons
Salz, Pfeffer aus der Mühle
etwas Sonnenblumenöl
4 kleine Gemüsezwiebeln zum Schmoren
50 ml Rotwein
200 ml Geflügel- oder Kalbsfond
2 Thymianzweige
4 Lorbeerblätter
2 Knoblauchzehen

»Schaschlik« kommt von »Schisch Kebab« – dem ultimativen Grillspieß aus dem vorderen Orient. Ich liebe Innereien und kann euch diese etwas ungewöhnliche Variante nur empfehlen.

Ulli Krauses Blutwurst-Bratkartoffeln

Die Kartoffeln in dünne Scheiben schneiden und in Sonnenblumenöl von beiden Seiten goldgelb braten. Auf einem Küchenpapier entfetten.

Die rote Ziebel würfeln und in wenig Butter andünsten, ohne Farbe annehmen zu lassen. Die Blutwurst in Würfel schneiden und dazugeben.

Jetzt muss alles ganz schnell gehen: Schnittlauch und Frühlingszwiebeln hinzugeben und durchschwenken. Mit Salz, Pfeffer und Muskatnuss abschmecken.

In einer zweiten Pfanne die Wachteleier in Butter zu Spiegeleiern braten und auf den Blutwurstbratkartoffeln anrichten.

600 g festkochende Kartoffeln, gekocht
Sonnenblumenöl
1 rote Zwiebel
Butter
200 g Boudin Noir (französische Blutwurst)
etwas Schnittlauch, fein geschnitten
1 Bund Frühlingszwiebeln, sehr fein geschnitten
Salz, Pfeffer aus der Mühle, Muskatnuss
4 Wachteleier

Ohne Ulli Krauses Blutwurst-Bratkartoffeln hätte ich meine Ausbildung nicht überstanden. Ulli Krause hatte einen Gasthof in der Nähe meiner Ausbildungsstelle. Sonntags gingen wir in der Teildienstpause dorthin, haben noch schnell die restlichen Pfifferlinge für den Abendservice geputzt, ein »Weizen« getrunken und seine Bratkartoffeln gegessen.

Wildes Steak-Sandwich

Den Rehrücken binden, mit Salz, Pfeffer und zerstoßenen Wacholderbeeren würzen und mit den Thymianzweigen belegen. Im Ofen bei 80 Grad langsam rosa garen (das Fleisch sollte eine Kerntemperatur von 58 Grad haben). Aus dem Ofen nehmen und in etwas Sonnenblumenöl rundherum scharf anbraten, vor dem Aufschneiden nochmals ruhen lassen.

In der Zwischenzeit die Zwiebeln in Butter anbraten, salzen und ganz langsam sanft Farbe annehmen lassen und weich schmoren.

Die Speckscheiben kross braten und auf Küchenpapier entfetten.

Die Äpfel entkernen und in Scheiben schneiden. Den Zucker zu Karamell schmelzen, die Butter beifügen und die Apfelscheiben darin goldgelb braten. Die abgeriebene Orangenschale und den Honig beifügen und die Apfelscheiben aus der Pfanne nehmen. Den verbliebenen Karamell mit dem Sherryessig ablöschen und über den Friséesalat träufeln.

Das Fleisch in dünne Scheiben schneiden und mit Fleur de Sel würzen. Die Brötchen der Länge nach aufschneiden und mit sämtlichen Zutaten belegen.

400 g Rehrücken, ausgelöst
Salz, Pfeffer aus der Mühle
20 Wacholderbeeren, zerstoßen
4 Thymianzweige
Sonnenblumenöl zum Braten

4 weiße Zwiebeln, in feine Streifen geschnitten
20 g Butter
8 Scheiben Frühstücksspeck (Bacon)
2 Äpfel
20 g Zucker und 1 Flocke Butter
1 unbehandelte Orange, abgeriebene Schale
2 EL Honig
2 EL Sherryessig
1 Kopf Friséesalat, geputzt
Fleur de Sel
4 längliche Brötchen

Eine straßentaugliche Ableitung des klassischen Wildgerichts.

Pasta Español mit Chorizo und Muscheln

Die Chorizo schälen, klein zupfen und zusammen mit dem Weißwein in einen großen Topf geben. Fenchel und Zwiebeln schälen und klein schneiden. Zur Wurst geben und alles 20 Minuten köcheln lassen.

In der Zwischenzeit etwas Olivenöl erhitzen, die gewaschenen Vongole darin andünsten und mit dem Pernod ablöschen. Kirschtomaten, Knoblauch und Chilischote hinzugeben und 3–5 Minuten weiter dünsten. Dann alles in den Topf zur Chorizo geben.

Die Orecchiette nach Packungsangabe in Salzwasser gar kochen. Abgießen und ebenfalls zu Chorizo und Muscheln in den Topf geben. Zum Schluß die gezupften Basilikumblätter unterheben, nochmals abschmecken und sofort servieren. Wer mag, kann etwas Parmesan darüberhobeln.

200 g weiche Chorizo
100 ml trockener Weißwein
1 Knolle Fenchel
2 rote Zwiebeln

300 g Vongole (Venusmuscheln), gründlich gewaschen
Olivenöl zum Anbraten
50 ml Pernod
8 kleine Kirschtomaten, geviertelt
4 Knoblauchzehen, fein geschnitten
1 kleine rote Chili, halbiert, entkernt

400 g Orecchiette
1 Bund Basilikum, gezupft
Parmesan, wer mag

Meine Crossover-Empfehlung: würzige Wurst, pralle Venusmuscheln und knackiger Fenchel.

Schalke und andere Leidenschaften

Wann immer es geht, verbringe ich Zeit mit meiner Familie und widme mich meinen Hobbys – gegessen und gekocht wird dabei natürlich immer und überall.

SEIT MEINER KINDHEIT BIN ICH SCHALKE-FAN. Vor kurzem rief mich Rolf Rojek, der stellvertretende Vorsitzende des Schalke-Fanclubs, an und meinte: »Hab gesehen, dass du immer eine Jacke von uns anhast ... willste nicht mal vorbeikommen?« Seitdem schaue ich mir die Spiele nicht nur im Stadion an, sondern habe hin und wieder sogar die Ehre, auf dem Platz zu stehen und die Schalke-Fahne zu schwenken. Zum Dank habe ich den Jungs in der Fankneipe kürzlich echtes Ruhrgebiets-Streetfood zubereitet: Buletten. Lecker! Das Rezept findet ihr auf Seite 81.

ODER DER RENNSPORT ... MEINE ZWEITE LEIDENSCHAFT, bei der ohne gutes Essen nichts läuft. Es begann in meiner Kindheit. Da saß ich stundenlang vor dem Fernseher und schaute Formel 1. Meine Mama hat das nicht verstanden, konnte aber auch nichts daran ändern. Vor ein paar Jahren hatte ich dann erstmals Gelegenheit, selber auf die Rennstrecke zu gehen. Ralf Zacherl und ich waren zu Dirk Adorfs Promi-Rennschule eingeladen. Der Funke sprang sofort über: Ich besorgte mir eine eigene Rennlizenz und fahre seitdem so oft Rennwagen, wie es geht.

Und da lag natürlich die Frage nahe: Wie würde sich wohl der »bratwerk«-Wagen auf der Rennstrecke machen? Und wie würde unsere Currywurst bei den Fahrern ankommen? Um das herauszufinden, fuhren wir dieses Jahr einfach zum ersten Lauf der VLN-Langstreckenmeisterschaften auf den Nürburgring – samt Imbisswagen natürlich. Das BMW-Team mit leckerem »Streetfood« zu versorgen, war grandios. ich durfte sogar die Einführungsrunde des Rennens mit VLN-Geschäftsführer Dietmar Busch fahren und dabei die Startfahne schwenken. Und dann folgte der Knüller: Als krönender Abschluss nach dem Rennen und als absolutes Novum durfte ich mit dem »bratwerk« eine Runde auf der Grand-Prix-Strecke drehen – flankiert vom Rennwagen BMW Z4 GT3, der den ersten Lauf der Meisterschaft gewonnen hatte ... wenn das mal nicht am guten Essen lag!

Apropos: Meine dritte Leidenschaft ist Eishockey. Und da sind die Kölner Haie »meine« Mannschaft. Klar, dass ich auch die bekoche! Glaubt mir, es ist krass, wie viel die essen können. Letzthin habe ich einfach ein paar leckere Drinks in der Umkleidekabine vorbeigebracht (siehe die Rezepte dazu auf Seite 24 und 183). Da war die Freude groß, und die »Haie« gewannen sechs wichtige Spiele in Serie. Jawoll!! Kochen durfte ich übrigens schon öfter für die Jungs – zum Beispiel bei ihrem Sommerfest. Oder beim Pressetermin samt Maskottchen »Sharky« und Spielern.

Mini-Calzone

Für 20 kleine Calzone

Für den Teig:
500 g Weizenmehl (Type 550)
300 ml Milch, lauwarm
42 g Hefe (1 Würfel)
1 Prise Salz
50 ml Olivenöl

Für die Füllung:
1 rote Paprika
1 gelbe Paprika
1 grüne Zucchini
2 Knoblauchzehen
1 Mozzarellakugel, fein gewürfelt
etwas Basilikum, fein geschnitten

1 Ei, verquirlt
80 g Parmesan, gerieben

Aus dem Mehl, der lauwarmen Milch, Hefe, Salz und Olivenöl einen Teig herstellen und etwa 10 Minuten kneten, bis sich der Teig als Kloß von der Schüssel löst. Mit einem Tuch bedeckt rund 45 Minuten auf das doppelte Volumen aufgehen lassen.

Den Teig dünn ausrollen und kreisförmig ausstechen.

Für die Füllung Paprika, Zucchini und Knoblauch in klitzekleine Würfelchen schneiden und in etwas Olivenöl andünsten. Abkühlen lassen. Dann den Mozzarella dazugeben.

Die Füllung auf die untere Hälfte der Teigkreise setzen, mit Basilikum bestreuen. Die Teigränder mit verquirltem Ei bestreichen und den Teig jeweils zu einem Halbkreis zusammenklappen. Die Ränder mit einer Gabel oder mit den Fingern fest zusammendrücken. Die Calzone mit der Verschlussseite nach oben auf ein mit Backpapier belegtes Blech setzen und mit geriebenem Parmesan bestreuen. Im Ofen bei 230 Grad goldgelb und knusprig backen.

Tipp: Grundsätzlich könnt ihr eure Calzone füllen, womit ihr wollt. Einfach einen Blick in den Kühlschrank werfen, alles in Würfel schneiden und in Olivenöl anschwitzen. 2 Tomaten, klein gewürfelt, kurz mitdünsten und dann geht's auch schon los.

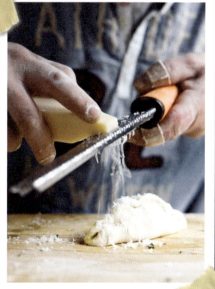

Italienisches Super-Streetfood in Reinform. Natürlich sind eurer Fantasie keine Grenzen gesetzt. Probiert Calzone mit Zucchini, Paprika und Mozzarella. Oder mit Waldpilzen, Speck und Zwiebeln.

Mein Tipp: Unbedingt echten Büffelmozzarella nehmen, sonst schmeckt es langweilig.

Gebackene Champignons mit Kräuterremoulade

Für die Kräuterremoulade Joghurt, Essig, Kapern, Senf, Knoblauch und Eigelbe mixen und kräftig mit Salz und etwas Zucker abschmecken, dann das Öl daruntermixen.

Die Gewürzgurke und die Schalotte sehr fein würfeln, die Kräuter sehr fein schneiden und alles unter die Joghurtmayonnaise mischen.

Die Champignons jeweils in 4 gleichmäßig dicke Scheiben schneiden und mit Salz, Pfeffer, Paprika und Muskatnuss würzen. Dann zuerst im Mehl wälzen, durch das verquirlte Ei ziehen und zuletzt mit dem Panko-Paniermehl panieren. Anschließend im heißen Öl goldgelb ausbacken und gut auf Küchenpapier entfetten.

6 Riesenchampignons
Salz, Pfeffer aus der Mühle, Paprikapulver, frisch geriebene Muskatnuss
100 g Mehl
2 Eier, verquirlt
150 g Panko-Paniermehl
Sonnenblumenöl zum Ausbacken

FÜR DIE KRÄUTER-REMOULADENSAUCE:
50 g griechischer oder Sahnejoghurt
1 EL Champagneressig
1 TL Kapern
2 TL Senf
½ Knoblauchzehe, gepresst
2 Eigelb
Salz und Zucker
200 ml Pflanzenöl
1 Gewürzgurke
1 Schalotte
¼ Bund Schnittlauch
¼ Bund Petersilie
2 Zweige Dill
2 Zweige Estragon

Gebackene Champignons gibt es alljährlich auf dem Weihnachtsmarkt, und sie schmecken leider immer sehr bescheiden. Deshalb hier eine leckere Variante.

Tipp: Schlanker wird die Remouladensauce, wenn ihr zur Hälfte Mayonnaise und zur Hälfte Naturjoghurt nehmt.

Falafel

Für die Falafel:
200 g Kichererbsen
1 Zwiebel, geschält, geviertelt
2 Lorbeerblätter
2 Scheiben Toastbrot
2 rote Zwiebeln, fein gewürfelt
2 Knoblauchzehen, fein gehackt
½ Bund glatte Petersilie, gehackt
½ Bund Koriander, gehackt
1 Ei
1 Messerspitze Backpulver
1 unbehandelte Zitrone, abgeriebene Schale
2 EL Mehl
1 TL Kreuzkümmel, frisch gemahlen
1 TL Korianderkörner, frisch gemahlen
Salz, Pfeffer aus der Mühle
Öl zu Frittieren

Für den Dip:
100 g Crème fraîche
1 TL gemahlener schwarzer Kümmel
etwas gemahlener Kreuzkümmel
etwas Zitronensaft

Zum Servieren:
4 Tortillaböden
1 Kopf Eisbergsalat, fein geschnitten
2 rote Zwiebeln, in feine Streifen geschnitten
2 Tomaten, gewürfelt
½ Gurke, in feine Stifte geschnitten

Die Kichererbsen über Nacht in Wasser einweichen. Am folgenden Tag abgießen und in frischem Wasser zusammen mit der geviertelten Zwiebel und den Lorbeerblättern weich kochen. Erst nach dem Kochen salzen.

Das Toastbrot in einem Teil des Kichererbsenwassers einweichen. Zwiebelwürfel, Knoblauch, Petersilie und Koriander in eine Schüssel geben und mit dem ausgedrückten, zerzupften Toastbrot, Ei, Backpulver und abgeriebener Zitronenschale vermengen. Die Kichererbsen leicht anmixen und dazugeben. Zum Schluss das Mehl einarbeiten und mit den Gewürzen, Salz und Pfeffer abschmecken. Zu kleinen Kugeln formen und in 170 Grad heißem Öl goldgelb ausbacken.

Die Crème fraîche mit schwarzem Kümmel, Kreuzkümmel, Salz und Zitronensaft abschmecken und als Dip dazu servieren.

Die Falafel zusammen mit Eisbergsalat, Zwiebel, Tomaten und Gurke auf die Tortillas geben und eindrehen.

Falafel sind vegetarisch, würzig und zu alledem auch noch gesund. Probiert sie mit verschiedenen Gemüsesorten und unterschiedlichen Gewürzen.

Süßkartoffelspirelli

Eines Vormittags kam Oliver mit diesem komischen Küchenutensil an und berichtete von irgendwelchen Kartoffelspiralen, die er irgendwann mal in London gegessen hatte ... Kurzum, er hat das Ding irgendwo im Netz ergattert und es mir dann mit der Süßkartoffel demonstriert. Anschließend haben wir die Teile einfach goldgelb ausgebacken und mit Fleur de Sel und schwarzem Pfeffer gewürzt.

Das Ergebnis war fantastisch! Außen kross, innen weich und süßlich. Zusammen mit den Gewürzen der »Hammer«.

Dazu haben wir einfach einen pikanten Gurkensalat mit richtig viel Knoblauch gegessen.

4 mittelgroße Süßkartoffeln
Öl zum Ausbacken
Fleur de Sel, Mélange Noir (Mischung aus 3 verschiedenen schwarzen Pfeffern von Ingo Holland)

dazu ein Gurkensalat mit viel Knoblauch

Die Idee für diese leckeren Spirelli hat Oliver Brachat aus London mitgebracht. Den passenden Kartoffelschneider fand er einige Tage später im Internet. Vielen Dank, Oliver, für deine geniale Idee!

Brötchen mit heißer Kochkäsefüllung

4 Roggenbrötchen
250 g Kochkäse mit Kümmel
100 ml Apfelwein

Vinaigrette:
4 Frühlingszwiebeln
1 rote Zwiebel
8 Radieschen
60 ml Apfelessig
1 TL Rapsöl
Salz, Zucker, Pfeffer aus der Mühle

Von den Brötchen einen Deckel abschneiden und die Brötchen mit einem scharfkantigen Teelöffel vorsichtig aushöhlen.

Den Kochkäse zusammen mit dem Apfelwein auf kleiner Flamme erhitzen. Oft umrühren, denn er brennt sehr schnell an.

Für die Vinaigrette die Frühlingszwiebeln fein schneiden, die Zwiebel fein würfeln, die Radieschen in Stifte schneiden. Alles mit Apfelessig und Rapsöl zu einer säuerlichen Vinaigrette vermischen. Mit Salz, Zucker und Pfeffer abschmecken.

Den Kochkäse heiß in die Brötchen füllen, sofort mit der Vinaigrette beträufeln und noch warm essen.

Eine Anlehnung an den »Handkäse mit Musik«. Das Besondere an dieser Variante: Für die Brötchenfüllung erhitzt man den Käse zusammen mit südhessischem »Äppler«, also mit Apfelwein. Getoppt wird die cremige Füllung mit essigmarinierten Radieschen, Frühlingszwiebeln und roten Zwiebeln. Aromenkracher!

Gnocchi mit Birnen-Gorgonzola-Ragout im Radicchioblatt

Die Kartoffeln schälen, würfeln und in Salzwasser weich kochen. Dann abgießen und sehr gut ausdampfen lassen. Durch die Kartoffelpresse in eine Schüssel drücken. Noch warm mit Zitronenschale, Ei, Parmesan und Kartoffelstärke zu einem glatten Teig verarbeiten, mit Muskatnuss würzen. (Den Teig nicht salzen, da er sonst Wasser zieht und breiig wird.) Den Teig zu gleichmäßigen Rollen formen und davon Gnocchi abstechen. Die Gnocchi in stark gesalzenem kochendem Wasser garen, bis sie an die Oberfläche steigen, mit einem Schaumlöffel herausheben und gut abtropfen lassen. Vor dem Servieren in etwas Olivenöl rundherum anbraten.

Für das Birnenragout den Zucker in einer Sauteuse karamellisieren, die Butter hinzugeben und sofort mit dem Weißwein ablöschen. Die gewürfelten Birnen zusammen mit den Rosmarinzweigen darin kurz gar köcheln. Die Birnenwürfel herausnehmen, die Rosmarinzweige entfernen und den Fond sirupartig einkochen. Anschließend Zwiebel, Knoblauch, Nüsse, Orangenschale, Basilikum, Gorgonzola und die Birnenwürfel hinzufügen und kurz durchschwenken. Mit den Gnocchi vermengen und im Radicchioblatt anrichten.

FÜR DIE GNOCCHI:
400 g mehlig kochende Kartoffeln
1 unbehandelte Zitrone, abgeriebene Schale
1 Ei
50 g Parmesan, gerieben
80 g Kartoffelstärke
frisch geriebene Muskatnuss, Salz
Olivenöl zum Anbraten

FÜR DAS BIRNENRAGOUT:
50 g Zucker
30 g Butter
100 ml Weißwein
2 Birnen, Kerngehäuse entfernt, gewürfelt
2 Zweige Rosmarin
2 rote Zwiebeln, in feine Streifen geschnitten
2 Knoblauchzehen, fein gewürfelt
50 g Walnüsse
1 unbehandelte Orange, abgeriebene Schale
1 Bund Basilikum, abgezupfte Blätter
80 g Gorgonzola, grob gewürfelt
1 Kopf Radicchio, Blätter abgelöst

Hier ein Rezept, um Gnocchi schnell und lecker selber zu machen. Blauschimmelkäse, Nüsse und Radicchio machen sie zu einem herbstlichen Gericht. Und wenn grad Sommer oder Frühjahr ist, kein Problem: Geht über den Markt oder durch den Garten und denkt euch eine eigene Gnocchi-Variante aus.

Bukkake Udon

Die Geflügelbrühe aufkochen und mit Sojasauce, Fischsauce, Zucker und dem Limettensaft abschmecken.

Die Spargel frisch anschneiden, dann in drei Teile teilen und diese in feine Streifen schneiden. Den Pak Choy waschen und die Herzen herauslösen. Die Paprika entkernen, schälen und in feine Streifen schneiden. Die Karotte ebenfalls schälen und in feine Streifen schneiden. Den Lauch in feine Streifen schneiden. Die Korianderblätter fein schneiden.

Die Cashewnüsse im Ofen ohne Fett goldbraun rösten.

Die Udonnudeln nach Packungsanleitung in Salzwasser kochen, abgießen und mit Sesamöl mischen. Die Nudeln in Schalen anrichten, die Gemüse und die Cashewnüsse hübsch darauf verteilen. Mit Limettenscheiben dekorieren und die Schalen vor den Gästen mit der kochenden Brühe übergießen, die dann das Gemüse gart.

800 ml Geflügelbrühe
4 EL Sojasauce
4 EL Thai-Fischsauce
2 EL brauner Zucker
2 unbehandelte Limetten, Saft von einer, die zweite in Scheiben geschnitten

4 Stangen grüner Spargel
4 Baby Pak Choy
je 1 rote und 1 gelbe Paprika
½ Karotte
½ Stange Lauch, gewaschen
½ Bund Koriander
50 g Cashewnüsse

400 g frische Udon-Nudeln (vakuumiert aus dem Asialaden)
etwas Sesamöl

... sind übergossene japanische Weizennudeln. Damit sie kräftiger schmecken, wurden sie ursprünglich mit Meerwasser hergestellt. Ich liebe dieses Nudelgericht wegen der frischen Gemüse und der besonders sättigenden Nudeln.

Gefüllte Tomaten

Cœur de bœuf mit Couscous

Von den Tomaten einen möglichst dünnen Deckel abschneiden und das Fruchtfleisch mit einem Pariserlöffel herauslösen. Das ausgelöste Tomatenfleisch mit dem Geflügelfond und den Petersilienstielen auskochen.

Das übrige Gemüse in feine Würfelchen schneiden und in Olivenöl andünsten, ohne Farbe annehmen zu lassen. Den Couscous beifügen und kurz mitdünsten, anschließend mit dem kochenden Geflügelfond durch ein Sieb aufgießen. Alle Zutaten sollten mit Flüssigkeit bedeckt sein. Mit Folie abdecken und das Ganze 30 Minuten ziehen lassen. Zum Schluss die gehackte Petersilie unterheben und die Füllung in die Tomaten verteilen.

Tipp: Übriggebliebener Couscous eignet sich super am nächsten Tag als Vorspeise.

4 Cœur-de-bœuf-Tomaten
200 ml Geflügelbrühe
1 Bund glatte Petersilie
1 Zucchini
1 rote Paprika
1 gelbe Paprika
1 rote Zwiebel
2 Knoblauchzehen
etwas Olivenöl
200 g Couscous
1 Msp. Raz el Hanout
Salz, Pfeffer aus der Mühle, Zucker

Dieses Gericht lebt von den marktfrischen Zutaten. Vor dem Fotoshooting haben wir auf dem Markt eingekauft. Es war fantastisch, denn es gab Dutzende Tomatensorten und haufenweise Zutaten für die Füllung. Hier das Resultat ...

San Marzano mit Lamm, Oliven und Schafskäse

Von den Tomaten der Länge nach einen dünnen Deckel abschneiden und das Fruchtfleisch auslösen.

Das Lammhackfleisch mit Zwiebel, Knoblauch, Oliven, Basilikum, Ei und Semmelbröseln vermengen. Die Füllung in die Tomaten verteilen und zum Schluss den Schafskäse darauflegen und mit etwas Olivenöl beträufeln.

4 San-Marzano-Tomaten
150 g Lammhackfleisch
1 weiße Zwiebel, fein gehackt
2 Knoblauchzehen, gehackt
50 g schwarze Oliven, in Streifen geschnitten
1 Bund Basilikum, gehackt
1 Ei
2 EL Semmelbrösel
80 g Schafskäse, in Streifen geschnitten
etwas Olivenöl zum Beträufeln

Schwarzer Prinz mit Feigen, Walnüssen und Mozzarella

Von den Tomaten einen Deckel abschneiden und aushöhlen.

Die Walnüsse im Ofen bei 180 Grad rösten. Die Feigen sechsteln und ebenfalls im Ofen mit etwas Zucker karamellisieren. Alles zusammen mit dem fein gewürfelten Mozzarella vermengen. Die Frühlingszwiebeln fein schneiden und unterheben. Die Füllung in die Tomaten verteilen. Diese in eine Auflaufform geben und im Ofen bei 180 Grad goldgelb überbacken.

4 Tomaten Schwarzer Prinz oder Rispentomaten
50 g Walnüsse
4 Feigen
etwas Zucker
100 g Mozarella
1 Bund Frühlingszwiebeln

Quesadillas mit Avocado

Die Avocados halbieren und den Kern entfernen. Das Fruchtfleisch mit einem Löffel aus der Schale lösen, mit einer Gabel grob zerdrücken und mit reichlich Limettensaft marinieren.

Die Tomaten vom Strunk befreien und an der gegenüberliegenden Seite kreuzförmig einritzen, 10 Sekunden in kochendem Wasser überbrühen, abschrecken und die Haut abziehen. Die Tomaten vierteln und die Kerne herauslösen. Das Tomatenfleisch in Würfel schneiden und zur Avocadomasse geben. Die Korianderblätter fein schneiden und ebenfalls beifügen. Mit Salz, Pfeffer und sehr wenig Zucker abschmecken.

Drei Tortillas ausbreiten und den Parmesan daraufreiben. Die Avocadomasse darauf verteilen und auf die Füllung nochmals Parmesan reiben. Mit den restlichen Tortillas bedecken und andrücken. Die Tortilla-Sandwiches in wenig Olivenöl von beiden Seiten kross braten.

Wie eine Torte in Portionsstücke schneiden und servieren.

2 reife Avocados
1 unbehandelte Limette, abgeriebene Schale und Saft
2 Strauchtomaten
¼ Bund Koriander
Salz, Pfeffer aus der Mühle, Zucker

6 weiche Weizentortillas
100 g Parmesan
Olivenöl zum Braten

Martin Baudrexel heißt bei den Dreharbeiten mittlerweile nur noch »DJ Quesadilla«. Warum? — Weil die krossen Weizentortilla-Scheiben mit der cremigen Avocadofüllung zu seinen Lieblingsgerichten gehören.

Radieschen-Hüttenkäse- und Schnittlauch-Butter-Brote

Vier der Brotscheiben großzügig mit der Salzbutter bestreichen. Den Schnittlauch in sehr feine Röllchen schneiden. Die gebutterten Brotscheiben in die Schnittlauchröllchen drücken und mit wenig Salz und etwas Pfeffer würzen.

Die restlichen vier Scheiben dick mit Hüttenkäse bestreichen. Die Radieschen in feine Scheiben schneiden und auf dem Hüttenkäse verteilen. Mit Schnittlauchröllchen bestreuen und mit Salz und Pfeffer würzen.

8 Scheiben kräftiges dunkles Brot (Roggenbrot, Körnerbrot oder Schwarzbrot)
80 g Salzbutter
1 Bund Schnittlauch
Salz, schwarzer Pfeffer aus der Mühle
200 g Hüttenkäse
1 Bund Radieschen

Oma Annis Rezeptidee! Wenn sie Radieschen und Schnittlauch im Garten geerntet hatte, schmierte sie uns immer Brote mit Butter und tunkte sie wahlweise in geschnittene Radieschen oder in Schnittlauchröllchen. Eine Prise Salz drauf – fertig.

Mein Tipp: Hüttenkäse ist eine ebenso leckere und etwas schlankere Alternative zur Butter.

Soleier

Die Eier 8 Minuten kochen und abschrecken.

Das Wasser zusammen mit dem Salz und den Gewürzen aufkochen und abkühlen lassen. Die gekochten Eier vorsichtig anschlagen, sodass die Schale rundum leichte Riss bekommt und die Lake so eindringen kann. Die Eier 24 Stunden in der Lake einlegen.

FÜR 1 GROSSES GLAS MIT 10 EIERN

10 Eier
1½ l Wasser
100 g Salz
Senfkörner, Lorbeerblätter, Chili, Wacholder, Rosmarin, Knoblauch, Nelke, rosa Pfefferkörner

Das Osterei für den Alltag! Soleier kenne ich von früher aus der Kneipe. Durch die Salzlake sind sie superlange haltbar. Aromatisieren könnt ihr sie natürlich ganz nach Geschmack.

Aus der Sterneküche ins Fernsehen

Nachdem ich einige Jahre durch die Küchen gezogen war und immer weiter gelernt hatte, war es für mich nun an der Zeit, Küchenchef zu werden. Ich lebte in Berlin und arbeitete als Sous-Chef bei meinem ehemaligen Ausbilder Wolfgang Müller im Restaurant Adermann. Jobmäßig konnte ich mich in der Hauptstadt nicht weiterentwickeln. Da machte mich Manuela Ferling, bei deren Agentur »Kochende Leidenschaft« ich mittlerweile unter Vertrag war, mit dem Kölner Restaurantbesitzer Peter Hesseler bekannt. Der suchte gerade einen Küchenchef für sein kleines, feines Restaurant »La Société«, das sich mitten im Kölner Studentenviertel befindet. Wir trafen uns zur Ortsbegehung. Als Peter die Lichter anknipste und ich die etwa acht Quadratmeter große Küche sah, war ich erstmal platt. Doch dann dachte ich: Da der Laden ja schon 15 Punkte hat, werde ich wohl auch in der Lage sein, hier ordentlich zu kochen.

Keine sechs Wochen später fing ich im »La Société« als Küchenchef an. Die erste Zeit war hart. Viele meiner Ideen wurden zunächst kritisch beäugt. Zudem fand ich in den ersten Jahren keinen geeigneten Stellvertreter. Dabei ist ein guter Sous-Chef enorm wichtig. Er hält einem den Rücken frei und leitet die Küche, wenn man mal nicht da ist. Außerdem ist er der zweite Kreative im Team.

2005 kam dann die Rettung: Dominic Jeske wurde mein Sous-Chef. Mit Dominic konnte ich endlich so richtig kreativ werden, die Dinge nach meinen Vorstellungen verwirklichen. Wir legten uns mächtig ins Zeug, und 2006 erfüllte sich unser Traum: Wir bekamen unseren ersten Michelin-Stern. Grandios! Die Party, die wir an dem Abend feierten, ist bis heute legendär ...

2006 war überhaupt mein Glücksjahr: Mein erster Sohn kam gesund und munter
zur Welt, meine Frau heiratete mich endlich und dann noch der Stern. Was für ein Glück!
Nur Deutschland wurde leider nicht Weltmeister ... dafür machten wir uns den besten
Küchen-Fußball-Sommer aller Zeiten. Die ganze Küchencrew schaute vor dem Restaurant
zusammen mit den Gästen Fußball. Wir hatten Fahnen aller teilnehmenden Fußball-
nationen über die Straße gespannt und zelebrierten »Public Viewing« mitten in Kölns
Studentenviertel.

Im »La Société« gefiel es mir so gut, dass ich ganze sieben Jahre, also bis Ende 2010 dort
blieb. Parallel ergab sich ein weiteres spannendes Aufgabenfeld: das Kochen im Fernsehen. Es begann ganz nebenbei: Meine Managerin Manuela Ferling verhandelte bereits
seit einer Weile mit RTL 2 über ein neues Koch-Format. Mitten im stressigen Weihnachts-
geschäft war es dann soweit. Mein Berliner Freund Ralf Zacherl und ich sollten uns beim
Sender in München vorstellen. Obwohl wir beide gerade voll im Weihnachtsstress steck-
ten, meinte Ralf, ich solle einfach herkommen, dann würden wir uns wenigstens wieder
mal sehen und könnten miteinander ein »Weizen« trinken. Gesagt, getan. Was wir damals
nicht wussten: Dieses Casting war der Anfang unserer Fernsehkarriere, die uns seitdem
ganz schön auf Trab hält, aber auch wahnsinnig viel Spaß macht.

2004 starteten wir mit den »Kochprofis – Einsatz am Herd« für RTL 2, daraus sind mittlerweile »Die Küchenchefs« für VOX geworden. Dazu kamen »Kerners Köche«, woraus später
»Lanz kocht« wurde. Außerdem trete ich in der »Küchenschlacht« im ZDF und sporadisch
in der »Koch-Arena« bei VOX auf. – Eine Menge Arbeit, aber das Drehen macht Spaß – besonders mit Ralf und Martin, meinen »Küchenchef«-Kumpels. Man lernt viel voneinander
und miteinander.

Süßes und Drinks

Topfennockerl mit Rhabarberkompott

Zuerst die Nockerl herstellen. Das Weißbrot in sehr feine Würfel schneiden und mit Topfen, Zucker, zerlassener Butter, abgeriebener Zitronenschale, Salz und dem ausgekratzten Vanillemark vermengen. Die Eier mit der sauren Sahne verquirlen, unter die Topfenmasse kneten und zum Schluss das Mehl einarbeiten. 1 Stunde im Kühlschrank ruhen lassen.

Für das Rhabarberkompott den Rhabarber schälen, in gleichmäßige Rauten schneiden und diese in einen Topf geben. Die Schalen mit Weißwein, Zucker, Zimtstange und nach Belieben der ausgekratzten Vanilleschote zu einer Sauce kochen und diese mit Mondamin leicht abbinden. Die Sauce durch ein Sieb auf den geschnittenen Rhabarber gießen, alles zusammen noch einmal aufkochen und dann abkühlen lassen.

Für die Brösel die Butter in einer Pfanne zerlassen, die Brösel darin anbräunen. Nach dem Erkalten mit Zimt und Zucker abschmecken.

Einen Topf mit leicht gesalzenem Wasser aufsetzen und zum Kochen bringen. Vom Teig Nocken abstechen und im leicht köchelnden Wasser bei geschlossenem Deckel etwa 15 Minuten garen. Die Nockerl mit einem Schaumlöffel herausheben und in den Bröseln wälzen. Mit Puderzucker bestäuben.

TOPFENNOCKERL:
200 g Weißbrot ohne Rinde
200 g Topfen (Quark), gut abgetropft
20 g Zucker
120 g Butter, zerlassen
1 unbehandelte Zitrone, abgeriebene Schale
1 Prise Salz
4 Eier
125 g saure Sahne
80 g Mehl
1 Vanilleschote, ausgekratztes Mark

RHABARBERKOMPOTT:
200 g Rhabarber
100 ml Weißwein
80 g Zucker
1 Zimtstange
etwas Mondamin

BRÖSEL:
50 g Butter
200 g süße Brösel (aus Resten von Hefegebäck, Brioche usw.)
Zimt und Zucker
Puderzucker zum Bestäuben

Nach Mamas Rezept! Falls ihr gerade keinen Rhabarber bekommt, macht ihr ein anderes, leckeres Fruchtkompott dazu.

Schmalzwaffel mit Apfel-Cranberry-Kompott

FÜR DIE WAFFELN:
2 Eier
250 ml Milch
30 g Zucker
125 g Mehl
1 Msp. Backpulver
etwas Sonnenblumenöl
Schmalz oder Pflanzenöl zum Ausbacken
Puderzucker zum Bestäuben

FÜR DAS KOMPOTT:
80 g Zucker
50 ml Apfelsaft
1 Zimtstange
1 Vanilleschote, Mark ausgekratzt
1 Oange, abgeriebene Schale und Saft
2 Äpfel
80 g Cranberrys, tiefgekühlt
2 cl Calvados

Alle Zutaten für die Waffeln zu einem glatten Teig verrühren. Das Waffeleisen in heißem Schmalz oder Pflanzenöl erhitzen und gut abtropfen lassen. Bis zu Dreivierteln in den Teig tauchen und etwas verharren, dann das Waffeleisen zurück in das heiße Schmalz geben und die Waffel goldgelb ausbacken. Vom Eisen lösen, abtropfen lassen und vor dem Servieren mit Puderzucker bestäuben.

Für das Kompott den Zucker karamellisieren und mit dem Apfelsaft ablöschen. Zimtstange, Vanilleschote und ausgekratztes Mark, abgeriebene Orangenschale und -saft hinzugeben und leicht einköcheln lassen. Die Äpfel schälen und klein schneiden. Zusammen mit den Cranberrys hinzugeben und kurz durchköcheln. Unmittelbar vor dem Servieren mit Calvados aromatisieren.

Die Form für diese Schmalzwaffeln habe ich lange gesucht. Irgendwann fand ich sie — ausgerechnet in einem DDR-Museum in Radebeul. Ich fragte, wo es diese Art von Backformen noch gäbe, und schwupps, bekam ich die Form geschenkt. Auf dem antiquierten Papier, in dem sie eingepackt war, stand sogar noch das Rezept.

Kalte Schnauze

Das Palmfett und die Schokolade mit dem Salz in einer Schüssel im heißen Wasserbad schmelzen. Die Eier mit dem Puderzucker schaumig schlagen, Rum und abgeriebene Orangenschale daruntermischen.

Ein Blech mit Backpapier auslegen und mit Schokoladenmischung bestreichen. Vollständig mit einer ersten Schicht Kekse belegen und kurz kalt stellen. Dann diese wiederum mit Schokoladenmischung bestreichen und mit Keksen belegen und so weiterfahren, bis alle Kekse und die Schokolade aufgebraucht sind. In die letzte Schicht für die einzelnen Portionen Spieße stecken und die Oberfläche abschließend noch einmal mit Schokolade bestreichen.

Nach dem Erkalten in Stücke schneiden und leicht mit Kakaopulver bestäuben.

Für 1 Blech

250 g Palmfett
250 g Blockschokolade
1 Prise Salz
2 Eier
250 g Puderzucker
80 ml Rum
2 unbehandelte Orangen, abgeriebene Schale
500 g Butterkekse
Kakaopulver zum Bestäuben

Dieses Kult-Gebäck gab es zu meinem sechsten Geburtstag. Wir veranstalteten ein Wettessen mit denkwürdigen Folgen ...

Apfeltaschen

2 mittelgroße Äpfel
5 EL Zucker
2 EL Mandelsplitter
4 cl Rum
1 Vanillestange, Mark ausgekratzt
1 EL Rosinen

4 Blätterteigplatten (20 x 30 cm), tiefgekühlt, aufgetaut
1 Ei, verquirlt

Die Äpfel schälen, entkernen und grob würfeln. Den Zucker in einer Pfanne schmelzen, die Mandelsplitter hinzugeben und weiter erhitzen, bis sich ein hellbrauner Karamell gebildet hat. Nun die Äpfel beigeben und mit dem Rum ablöschen. Die Vanillestange samt ausgekratztem Mark sowie die Rosinen zugeben und noch so lange in der Pfanne weiter erhitzen, bis sämtliche Flüssigkeit gebunden ist.

Die Blätterteigplatten in Quadrate von etwa 8 x 8 cm schneiden. Den Rand mit dem verquirlten Ei bestreichen und die Apfelmasse jeweils auf der einen Hälfte der Teigstücke verteilen. Den Teig zur Hälfte zusammenklappen und am Rand festdrücken. Die Teigtaschen nochmals mit dem verquirlten Ei bestreichen, oben einschneiden, damit der Dampf entweichen kann und die Taschen nicht platzen. Die Apfeltaschen im Ofen bei 180 Grad etwa 20 Minuten backen, bis sie schön goldbraun sind.

Es gibt Gerichte, die man einfach nicht vergisst. Zum Beispiel die weltbesten Apfeltaschen, die es immer gab, wenn das Bäckerauto in unserer Straße hielt.

Beerenteilchen

Zunächst nach Packungsangabe den Pudding kochen.

Aus den Blätterteigplatten mit einem runden Ausstecher von 5 cm Durchmesser Kreise ausstechen. Aus der Hälfte der Kreise mit einem Ausstecher von 4 cm Durchmesser Ringe herstellen. Die Teigkreise mit verquirltem Ei bestreichen und die Ringe als Rand darauflegen, leicht andrücken und ebenfalls mit verquirltem Ei bestreichen. Die Innenfläche mit dem Pudding füllen und die Beeren daraufgeben.

Die Teilchen im Ofen bei 180 Grad etwa 15 Minuten backen. Nach dem Backen mit Puderzucker bestäuben.

250 ml Milch
entsprechende Menge Puddingpulver und Zucker für 250 ml Milch nach Packungsangabe
2 Blätterteigplatten (20 x 30 cm), tiefgekühlt, aufgetaut
1 Ei, verquirlt
200 g gemischte Beeren
Puderzucker zum Bestäuben

Im Sommer macht ihr aus dem Blätterteig Beerenteilchen anstelle der Apfeltaschen.

Nougatine oder Türkischer Honig

250 g Honig
40 g Glukose
500 g Zucker
60 g Glukose
110 g Eiweiß
25 g Zucker
250 g gemischte Nüsse (Haselnüsse, Pistazien, Mandeln, Walnüsse) und nach Belieben zusätzlich
40 g getrocknete Cranberries
Backoblaten, rechteckig

Den Honig mit 40 g Glukose auf 120 Grad (Zuckerthermometer) kochen.

Den Zucker mit 60 g Glukose und 40 ml Wasser auf 157 Grad kochen.

In einer Rührschüssel aus Metall das Eiweiß mit dem Zucker (25 g) steif schlagen, dann zuerst die Honigmischung und anschließend die Zuckermischung einlaufen lassen. Mit dem Bunsenbrenner (oder über einem sehr heißen Wasserbad) die Schüssel heiß halten und weiter rühren, bis sich die Masse vom Schüsselrand löst und einen zusammenhängenden weißen Kloß bildet.

Die Nüsse im Ofen erwärmen, damit die Masse nicht zu schnell abkühlt und kristallisiert (die Schüssel zur weiteren Verarbeitung eventuell in kochendes Wasser stellen). Die Nüsse zur Zucker-Honig-Masse geben, gründlich vermengen und möglichst schnell zwischen die Oblaten pressen.

Ein Rezept für Geübte und nichts für Kinder. Bitte haltet euch exakt an die Mengenangaben und seid sehr vorsichtig beim Zuckerkochen. Heißer Zucker verursacht schlimme Verbrennungen. Zudem solltet ihr unbedingt ein Zuckerthermometer benutzen.

Schokokuchen aus dem Glas mit Erdnuss-Karamell-Topping

Die Kuvertüre und die Butter zusammen im Wasserbad schmelzen. In einer großen Schüssel die Eier mit dem Zucker schaumig schlagen. Die Schokoladenmischung mit Mehl, Sahne und Milch beifügen und zu einem glatten Teig rühren. Zwei Drittel hoch in gefettete Gläser oder Förmchen füllen und gut durchkühlen lassen. Dann im Ofen bei 180 Grad etwa 9 Minuten backen. So hat der Kuchen noch einen schönen halbflüssigen Kern. (Zum Mitnehmen den Kuchen einfach 2 Minuten länger backen und im Glas auskühlen lassen.)

Für das Topping den Zucker karamellisieren, die gerösteten Erdnüsse hinzugeben und mit dem Cognac ablöschen. Mit der Sahne aufgießen und zu einer sämigen Konsistenz einköcheln lassen.

Den gestürzten Kuchen mit dem Topping überziehen.

FÜR 8 KLEINE GLÄSCHEN VON 70–80 ML INHALT

200 g Zartbitterkuvertüre
125 g Butter
3 Eier
50 g Zucker
60 g Mehl
75 ml Sahne
75 ml Milch

FÜR DAS TOPPING:

100 g Zucker
100 g gesalzene geröstete Erdnüsse
4 cl Cognac
100 ml Sahne

Dieser Schokokuchen ist meine Antwort auf »Snickers«: Schokolade, Erdnüsse und Karamell.

Tipp: Wollt ihr den Kuchen mitnehmen, backt ihr ihn am besten durch.

Nordhessischer Schmandkuchen

Für den Teig die Butter mit Zucker und Salz schaumig rühren. Nach und nach Eier sowie abgeriebene Zitronenschale und -saft beifügen und gut verrühren. Das Mehl mit dem Backpulver vermischen, dazugeben und zu einem glatten Teig rühren.

Den Teig auf ein gefettetes Backblech streichen und im vorgeheizten Ofen bei 190 Grad auf der zweituntersten Schiene etwa 20 Minuten backen.

In der Zwischenzeit für den Belag den Schmand mit Zucker, Zitronenschale und -saft, Eiern sowie Speisestärke verrühren.

Nach 20 Minuten Backzeit den Belag auf den Kuchen streichen und weitere 10 Minuten backen. Den Kuchen aus dem Ofen nehmen und mit der Zucker-Zimt-Mischung bestreuen.

Mamas Rezept. Ein Klassiker der nordhessischen Kaffeetafel.

TEIG:

300 g weiche Butter
200 g Zucker
1 Prise Salz
6 Eier
abgeriebene Schale von 1 Zitrone (ca. 2 TL)
8 EL Zitronensaft
300 g Mehl
3 TL Backpulver

BELAG:

5 Becher Schmand à 250 g (insgesamt 1,25 kg)
125 g Zucker
1 TL abgeriebene Zitronenschale
3 EL Zitronensaft
2 Eier
5 gestrichene EL Speisestärke

Zucker und Zimt, gemischt, zum Bestreuen

Mamas Rezept. Ein Klassiker der nordhessischen Kaffeetafel.

Frozen Heidelbeer-Joghurt

Den Joghurt mit Puderzucker, abgeriebener Zitronenschale und -saft sowie den gefrorenen Heidelbeeren mit dem Mixstab pürieren. Falls nötig nochmals mit etwas Puderzucker nachsüßen. Die Masse im Gefrierfach unter mehrmaligem Umrühren etwa 1½ Stunden anfrieren lassen. In gekühlten Gläsern servieren.

250 g griechischer oder Sahnejoghurt
50 g Puderzucker
2 unbehandelte Zitronen, abgeriebene Schale und Saft
200 g tiefgekühlte Heidelbeeren

Das einfachste Blitzeis für heiße und faule Sommertage. Schmeckt auch mit Himbeeren super!

Himbeer- und Mango-Lassi

Den Joghurt jeweils mit dem Fruchtmark und dem Zucker vermengen. Die abgeriebene Schale und nach Geschmack den Saft der Zitrusfrüchte zugeben und alles mit dem Pürierstab fein mixen.

Nach Belieben mit fein geschnittenem Basilikum oder Minze würzen. Das Lassi eisgekühlt servieren.

FÜR DAS HIMBEER-LASSI:
500 g Joghurt
200 g Himbeermark (Fertigprodukt oder Tiefkühl-Himbeeren, püriert und passiert)
100 g Zucker
1 unbehandelte Zitrone

FÜR DAS MANGO-LASSI:
500 g Joghurt
250 g Mangomark (Fertigprodukt oder Mangofruchtfleisch, püriert und passiert)
70 Zucker
1 unbehandelte Limette

nach Belieben Basilikum oder Minze, fein geschnitten

Frisch und gesund. Die »Kölner Haie« waren begeistert!

Fraisini

Die Erdbeeren mit Zucker und Cointreau im Mixer sehr fein pürieren und durch ein feines Sieb streichen.

Den Erdbeersirup in Gläser verteilen, mit dem Schaumwein aufgießen und sehr kalt, gerne auch mit Eiswürfeln, servieren.

250 g Erdbeeren
150 g Zucker
50 ml Cointreau
1 Flasche sehr guter Sekt oder Champagner

Ich trinke nun mal gerne Sekt. Was liegt im Sommer näher, als ihn mit frischen Erdbeeren zu mixen. Hier also meine Abwandlung des klassischen Bellini.

Ingwerlimonade

Den Ingwer schälen und in dünne Scheibchen schneiden. Von den Limetten mit einem Zestenreißer die Schale ablösen und den Saft auspressen.

Die Limettenschale mit Minze, Ingwerscheiben und Zucker zerstoßen. In vorgekühlte Gläser geben, Eiswürfel hinzufügen, mit dem Limettensaft auffüllen, gut umrühren und unmittelbar vor dem Servieren mit gekühltem Mineralwasser auffüllen.

Für 4 grosse Gläser

80 g Ingwer
4 unbehandelte Limetten
4 Zweige Minze
50 g brauner Zucker
Eiswürfel
750 ml Mineralwasser mit Kohlensäure

Eiskalt, superschnell und isotonisch!

Ran an den Herd: Meine Küchentipps

Meine Rezepte sind Denkanstöße, die zum Experimentieren einladen sollen, keine strengen Anleitungen. Kochen ist nichts Statisches, sondern ein kreativer Schaffensprozess und deshalb gilt: Probieren geht über studieren! Betrachtet es als Experiment. Kauft leckere Zutaten und probiert aus, was ihr damit machen könnt. Ich garantiere euch, es kommt etwas Leckeres oder zumindest etwas Interessantes dabei heraus. Und mit der Zeit entwickelt ihr ein Gespür dafür, was zusammenpasst, welche Aromen harmonieren, und wie man gut würzt und den richtigen Garpunkt trifft.

Bei aller Kreativität und Freiheit ist es natürlich auch beim Kochen extrem hilfreich, ein paar Grundregeln zu kennen und zu beherzigen. Der Rest geht dann (fast) von selbst! Die zweite große Hilfe ist die Routine: Je mehr ihr kocht, desto eher bekommt ihr ein Gefühl dafür. Hefeteige zum Beispiel: Knetet zwei- oder dreimal einen Hefeteig, und ihr spürt, wann er perfekt ist. Oder nehmt euch öfter mal einen großen Braten vor – zuerst macht ihr ihn vielleicht noch nach Rezept. Dann werdet ihr es auch so hinbekommen, und schon bald kocht ihr euren ganz persönlichen Lieblingsbraten. Nur Mut! Neugierde ist der beste Lehrer.

Hier noch ein paar Ratschläge, die mir bis heute helfen

Schmorbraten: Schmorbraten schneidet der Metzger aus den durchwachsenen Stücken des Tieres – ob von Rind, Schwein, Lamm, Ziege oder Wild. Das Fleisch ist von zähen Sehnen und Bindegewebe durchzogen. Damit ein solches Stück schön weich wird, schmort ihr es am besten lange und bei niedriger Temperatur, beispielsweise in Rotwein oder Bier. So habt ihr am Ende eine leckere Sauce und einen wunderbar zarten Schmorbraten.

Kurz Gebratenes: Klassisch verwendet man den Rücken und das Filet zum Kurzbraten. Es gibt aber auch Stücke aus der Keule und vom Nacken sowie einige andere Stücke, die nach kurzer Bratzeit wunderbar zart und saftig schmecken. Fleisch zum Kurzbraten schneidet der Metzger meist in Koteletts, Steaks oder Medaillons. Natürlich könnt ihr es auch im Ganzen braten, besonders gut funktioniert das bei Lammkarree, Roastbeef wie auch Reh- oder Hirschrücken.

Der Garpunkt: Wann hat das Fleisch den optimalen Garpunkt erreicht? Das ist die wichtigste Frage, der man sich beim Kurzbraten von Rind, Lamm und Wild immer wieder stellen muss. Grundsätzlich müsst ihr wissen, wie ihr euer Fleisch am liebsten essen möchtet: blutig, rosa oder durchgebraten? Um zu prüfen, wie weit das Fleisch ist, gibt

es verschiedene Proben. Am sichersten ist es, die Temperatur mit einem digitalen Fleischthermometer zu kontrollieren. Dann gelten folgende Richtwerte:
blutig: 48–54 Grad Celsius
rosa: 54–58 Grad Celsius
durchgebraten: 60 Grad Celsius und mehr

Geflügel: Ob ihr ganze Hühnchen, Enten oder Gänse schmort oder nur Teile, am leckersten und zartesten werden die Vögel bei geringer Hitze (ca.140–160 Grad) und einer entsprechend langen Garzeit. Damit die Haut schön kross wird, könnt ihr das Geflügel vor dem Braten mit Milch bestreichen. Kurz vor Ende der Garzeit schalte ich den Ofen kurz richtig hoch. So wird die Haut schön knusprig.

Nudeln: Das Kochwasser für Nudeln solltet ihr gut salzen – dadurch bekommen die Nudeln sozusagen »von innen« Geschmack, und man muss später nicht mehr nachsalzen. Die perfekte Salzmenge für Nudelwasser merke ich mir mit dem »Pasta-Dreisatz«: 100 Gramm Nudeln = 1 Liter Wasser = 10 g Salz. Ich kann euch nur empfehlen, die Mengen anfangs ruhig abzuwiegen. So bekommt ihr ein Gefühl dafür und könnt die richtige Menge Salz bald ziemlich sicher abschätzen.

Gemüse: Früher hat man Gemüse meist in Salzwasser blanchiert. Davon habe ich – außer bei Bohnen – Abstand genommen. Ich finde, dass das Gemüse zu viel Geschmack und Vitamine verliert, wenn man es in unnötig viel Wasser kocht. Mein Tipp lautet deshalb: Mariniert das küchenfertige Gemüse im rohen Zustand mit Salz und Zucker. Dann lasst ihr es mindestens eine halbe Stunde stehen – in dieser Zeit verliert es eine ordentliche Menge Wasser. Jetzt braucht ihr es nur noch in einen Topf zu füllen, den Deckel aufzulegen und es bei mittlerer Hitze zu dünsten. Falls nötig gießt ihr zwischendurch etwas Wasser nach. Am Ende sollte das Gemüse bissfest und das Wasser verdampft sein. Noch einen Löffel Butter oder Olivenöl dazu und fertig!

Hefeteige: Der Hefeteig muss die Schüssel putzen. Mein Grundrezept für Hefeteig findet ihr beim Rezept für Nordhessische Speckzungen auf Seite 68.

Salatsaucen: Die Mischung macht's, und für die gibt es eine ganz einfache Faustregel. Eine Salatsauce braucht immer Öl, Salz, Zucker und Säure. Welche Öle und welchen Essig ihr verwenden wollt, könnt ihr euch selbst aussuchen. Statt Essig geht auch Zitrone oder Limette, statt Zucker könnt ihr mit Honig experimentieren. Das Verhältnis von Öl zu Säure beträgt idealerweise 2:1. Auch Senf schmeckt im Dressing und funktioniert als Emulgator. Was dann noch fehlt? Kräuter, Schalotten und was immer euch sonst noch einfällt.

Gewürze: Die Dosis macht's! Verwendet immer nur so viel davon, dass der Grundgeschmack des Produkts hervorgehoben wird. Keinesfalls sollte man die Speisen überwürzen – außer bei speziellen Zubereitungen wie Gerichten der indischen Küche. Verwendet nur qualitativ hochwertige und frische Gewürze. Was jahrelang im Regal stand, gehört entsorgt. Und noch ein Tipp: Kauft euch unbedingt ein paar kleine Gewürzmühlen. Denn im Ganzen bleiben Gewürze länger frisch. Und, frisch gemahlene Gewürze sind tausend Mal geschmacksintensiver als fertiges Pulver.

Einkaufstipps

Für Fisch und Fleisch gilt generell: Nur artgerecht gehaltene und gut gefütterte Tiere schmecken auch lecker. Eure Rezepte werden mit hochwertigem Fleisch mindestens doppelt so gut. Fleisch aus Massentierhaltung solltet ihr ganz einfach vergessen. Ich persönlich verzichte lieber zweimal die Woche auf Fleisch. Und wenn ich dann Fleisch kaufe, nehme ich das beste, was es gibt. Natürlich kaufe ich nur beim Metzger meines Vertrauens. Da weiß ich genau, wo die Schlachttiere herkommen.

Fisch: Frischen Fisch erkennt ihr an seinen klaren Augen und den roten Kiemen. Er darf keinesfalls riechen. Wenn ihr mit dem Finger draufdrückt, sollten sich sein Fleisch und das Schuppenkleid fest und stramm anfühlen. Fisch ist mittlerweile ein umstrittenes Lebensmittel. Die meisten Bestände sind überfischt. Die konventionellen Aquakulturen sind unappetitliche Umweltsünden. Deshalb mein Rat: Besorgt euch den Fisch-Einkaufsführer (von WWF oder Greenpeace) und schaut vor dem Kauf, was ihr noch mit gutem Gewissen essen könnt. Fisch mit dem MSC-Siegel sollte aus kontrolliertem Fang stammen.

Gemüse, Kräuter und Kartoffeln: Achtet auf Frische und regionale Herkunft. Saisonale Zutaten aus der Region schmecken immer aromatischer als Gewächshausgemüse oder Flugware.

»Zum Mitnehmen, bitte!« Meine Verpackungsideen

Früher war das klar: Wo immer man hin musste, packte man sich Proviant ein. Man denke nur an die Butterbrottasche für den Kindergarten oder das Henkelmännchen ... Heute kann man auf Proviant verzichten – zumindest wenn man bereit ist, viel Geld für schlechte Snacks auszugeben. Doch die schmecken meistens nicht, und nach dem Essen wirft man zudem noch eine Menge Verpackungsmaterial einfach weg.

Leckerer und umweltverträglicher ist es deshalb, sein eigenes Essen dabei zu haben. Hier ein paar Tipps, wie ihr Essen zum Mitnehmen bruchsicher und lecker einpacken könnt:

- Wraps, gefüllte Pfannkuchen und Butterbrote schlagt ihr einfach in Pergamentpapier ein.

- Eine Tüte für Pommes könnt ihr ganz leicht selbst rollen. Als Material eignet sich dickeres Papier, Pergament- oder Backpapier. Oder ihr nehmt einfach eine Zeitung – die Druckerschwärze soll sogar antibakteriell wirken – sagt man zumindest.

- Das Butterbrot fühlt sich in der guten, alten Butterbrot- oder Gefrierdose wohl. Wenn ihr gut verschließbare Dosen kauft, könnt ihr darin eigentlich alles transportieren.

- Salate sind in Weck- oder Schraubgläsern bestens aufgehoben. Bei frischen Blattsalaten fülle ich das Dressing in ein extra Glas – so bleibt der Salat knackig.

- Suppen packe ich in die Thermoskanne. Die ist ein Alleskönner und eignet sich genauso für kalte wie heiße Suppen, für Eintöpfe und für Getränke.

Dank an:

Meine Frau und meine Kinder

Meine Eltern und Schwiegereltern

Onkel Hans

Dominic

Oliver, Steffi I, Steffi II, Martin

Daniel Koebe (Fotos Schalke)

Schalker Fanclub Verband, besonders Rolf und Jens

Ralf von der Tanke

Elgershäuser Jungens

Schalker Fahnenschwenker, besonders Micha, der den Kontakt hergestellt hat

Philipp Walter, Pressesprecher Kölner Haie

Kölner Haie

Ela Rüther

Manuela Ferling

VLN, besonders Dietmar Busche

BMW Schubert Motorsport

Dirk Amey

Ralle Z.

Dirk, Jörg und Dirk (BMW)

Bernd Q

Rezeptverzeichnis

Suppen und Salate zum Mitnehmen

Ayran, herzhafter 24
Entensuppe, scharfe 14
Erbsensuppe, Kölsche 17
Gulaschsuppe 20
Knollensuppe 23
Salat im Glas 30
Salat vom geschmorten Chicoree mit Orange,
   Zimt und Curry 28
Sprossensalat mit Limone und Chili im Reisblatt 26

Herzhaftes für unterwegs

Fisch und Meeresfrüchte

Bärlauch-Forellen-Torte 47
Fish 'n' Chips 44
Flammlachs 62
Garnelenbrot, geröstet, mit Mangochutney 48
Garnelen-Frühlingsrollen mit Aprikose 39
Garnelen-Wan-Tan 36
Ofenkartoffeln mit Crème fraîche und Rauchlachs 50
Seeteufel im Kicherbsenmantel mit Tomatensalsa 52
Seezungen-Tempura mit Estragonmayonnaise 55
Sushi, Deutsche (Matjesröllchen) 41
Zander in Kartoffelkruste mit Gurkensalat 58
Zanderburger mit Yuzu-Zitrone 56
Zitronengrasspieße mit Garnelen 34

Fleisch

Ahle Worscht, Stulle 96
Backhendl 88
Blutwurst-Bratkartoffeln, Ulli Krauses 106
Buletten Schalke 04 81
Currywurst, marokkanische 94
Döner, roher, in gegrilltem Fladenbrot 78
Entenspieße, geräuchert, mit Apfel-Rosmarin-Kompott 91
Hähnchenkeule, Eins-zwei-drei 86
Pasta Español (mit Chorizo und Muscheln) 112
Prosecco-Huhn 82
Rievkooche mit Tatar 77
Schaschlik mit Leber und Niere 102
Speck-Käse-Schnecken mit Schmorzwiebeln 74
Speckpfannkuchen, gerollt, mit Schmand und Kopfsalat 72
Speckzungen, Nordhessische 68
Spießbratenbrötchen vom Spanferkel 99
Wildes Steak-Sandwich 108

Vegetarisch

Brötchen mit heißer Kochkäsefüllung 132
Bukkake Udon 138
Butterbrot, Radieschen-Hüttenkäse-
   und Schnittlauch- 146
Calzone, Mini- 121
Champignons, gebackene, mit Kräuterremoulade 124
Falafel 127
Gnocchi mit Birnen-Gorgonzola-Ragout
   im Radicchioblatt 134
Quesadillas mit Avocado 144
Soleier 148
Süßkartoffelspirelli 130
Tomaten, gefüllt 141

Süsses und Drinks

Apfeltaschen 167
Beerenteilchen 170
Fraisini 184
Frozen Heidelbeer-Joghurt 180
Ingwerlimonade 186
Kalte Schnauze 164
Lassi, Himbeer- und Mango- 183
Nougatine (Türkischer Honig) 173
Schmalzwaffel mit Apfel-Cranberry-Kompott 161
Schmandkuchen, Nordhessischer 178
Schokokuchen aus dem Glas
   mit Erdnuss-Karamell-Topping 176
Topfennockerl mit Rhabarberkompott 156

© 2012
AT Verlag, Aarau und München
Fotos: Oliver Brachat, www.oliverbrachat.com
Fotos auf Schalke: Daniel Koebe
Begleittexte: Manuela Rüther, Köln
Assistenz und Organisation: Steffi Neff, Steffi Veenstra
Film und Schnitt: Martin Gentschow
Graffiti: Herr Orm
Haare, Make-up: Linda Hippler
Bildaufbereitung: Vogt-Schild Druck, Derendingen
Druck und Bindearbeiten: Printer Trento, Trento
Printed in Italy

ISBN 978-3-03800-695-4

www.at-verlag.ch